Por uma educação sensível

Rubem Alves

Por uma educação sensível

Principis

Esta é uma publicação Principis, selo exclusivo da Ciranda Cultural
© 2023 Ciranda Cultural Editora e Distribuidora Ltda.

Texto
Rubem Alves

Editora
Michele de Souza Barbosa

Preparação
Walter Sagardoy

Revisão
Fernanda R. Braga Simon

Produção editorial
Ciranda Cultural

Diagramação
Linea Editora

Design de capa
Ana Dobón

Imagens
Addictive Creative/shutterstock.com

Dados Internacionais de Catalogação na Publicação (CIP) de acordo com ISBD

A474p   Alves, Rubem.

          Por uma educação sensível / Rubem Alves ; organizado por Raquel
Alves. - Jandira, SP : Principis, 2023.
          128 p. : il. ; 15,50cm x 22,60cm.

          ISBN: 978-65-5097-102-1

          1. Educação infantil. 2. Brasil. 3. Educação. 4. Ensinamentos. 5.
Professores. 6. Ensino. 7. Pensamentos. I. Alves, Raquel. II. Título.

2023-1552

CDD 372.2
CDU 372.4

Elaborado por Lucio Feitosa - CRB-8/8803

Índice para catálogo sistemático:
1.   Educação infantil 372.2
2.   Educação infantil 372.4

1ª edição em 2023
www.cirandacultural.com.br
Todos os direitos reservados.
Nenhuma parte desta publicação pode ser reproduzida, arquivada em sistema de busca
ou transmitida por qualquer meio, seja ele eletrônico, fotocópia, gravação ou outros, sem
prévia autorização do detentor dos direitos, e não pode circular encadernada ou encapada
de maneira distinta daquela em que foi publicada, ou sem que as mesmas condições sejam
impostas aos compradores subsequentes.

Para ele, que gostava de ipês-amarelos.

Ele foi ter com as nuvens do céu.
Virou sopro, uma breve lacuna entre o tudo e o nada.
Foi brincar com as andorinhas
Ou de faz de conta de arco-íris, de pipa ou de anjo.

O que é certo é que continua a brincar
Na eternidade que plantou,
Que brota, enraíza e cresce
E lenta, muito lentamente, ilumina
Tal qual um ipê-amarelo.

Por este mundo de mares incansáveis,
De vai e vem espumantes,
Uma eterna criança de olhos encantados
Dedicou a brincar-se com a beleza
Do encantamento que é este mundo de Deus.

"Veja" aí está!
Olha como é bonito!
Neste mistério que nunca se acaba,
O pássaro eternamente encantado
Viaja por terras desconhecidas.

Voa, pássaro! Volte quando quiser.
Mas cante de vez em quando
Só pra nos lembrar de balançar forte,
De olhar para as árvores,
Desafiar os brinquedos
E sermos divinamente crianças.

Raquel Alves

Navegar é preciso. Viver não é preciso.

FERNANDO PESSOA

"Um amigo meu, professor de engenharia, comentou que se se matriculasse um computador num cursinho, ele tiraria sempre nota máxima em todos os testes; passaria em primeiro lugar no vestibular; "salvaria" na sua memória tudo o que fosse ensinado. Em tudo ele seria superior aos seus colegas humanos, menos num detalhe, pois a uma pergunta ele não saberia responder: de tudo o que você estudou e aprendeu me diga: do que foi que você mais gostou?"

RUBEM ALVES

Sumário

Apresentação 11

POR UM VIVER MELHOR – O alinhavar das palavras 15

POR UMA EDUCAÇÃO SENSÍVEL – No dia a dia, fragmentos
de futuro 17

POR UM VIVER MELHOR 19

Sobre jequitibás e eucaliptos 21

Escutatória 24

Formação do educador 27

Tênis × Frescobol 30

Ensinar com amor 33

As pessoas ainda não foram terminadas 36

A arte de educar 40

Ensinar o que não se sabe 43

As coisas essenciais 48

Não basta viver, é preciso navegar 52

O aluno perfeito 55

Aprendendo com as cozinheiras 58

A escola dos meus sonhos 63

POR UMA EDUCAÇÃO SENSÍVEL 83

É preciso não esquecer as bananas 85

Aos educadores, com carinho – Parte 1 90

Aos educadores, com carinho – Parte 2 95

A caixa de ferramentas 100

Caixa de brinquedos 104

Pensar 108

O prazer de ler 113

É brincando que se aprende 115

Ensinando a tristeza 119

É assim que acontece a bondade 123

Apresentação

Escolhi as epígrafes do começo deste livro de propósito.

Viver, de fato, não é uma arte precisa. Não vem com manual de instruções. Daí a importância da educação que liga o pensamento com a vida.

Não consigo imaginar uma educação que faça sentido se não for para nos ajudar a viver melhor. Afinal de contas, a vida é uma coisa que acontece o tempo todo, inclusive enquanto estou aqui escrevendo este texto e você está aí lendo-o. O mesmo vale para a sala de aula, a internet e as escolas.

Certa vez, quando eu era criança, meu pai dirigia numa estrada e eu, no banco de trás, gastava o meu tempo tentando aprender a assobiar. Para uma criança que nasce com fissura labiopalatal (esse é o meu caso), pequenas tarefas como apagar uma vela, soprar bolhas de sabão, falar ou mesmo assobiar são um grande desafio. Lembro-me de que num determinado momento descobri o segredinho que me possibilitava produzir o assobio. Foi uma alegria geral! Diante dessa conquista, meu pai tirou as mãos do volante e começou a bater palmas, quase causando um acidente deixando o carro sair da estrada. Assim como na minha memória, a vida das crianças é cheia de pequenas/grandes conquistas. Não as celebrar é de certa forma desvalorizar a graça de viver.

Rubem Alves é leve e brincalhão nas suas palavras. Enquanto nos faz rir, nos conduz para as profundezas da nossa alma humana e nos convida ao pensamento. Tal qual deve ser um educador.

Este livro foi organizado pensando que a educação deve ser vista em favor da vida e das pessoas. Ao mesmo tempo em que, para ser efetiva, a educação precisa estar ligada à vida, também é necessário que ela seja pensada e trabalhada como um fim em si.

Por isso, na primeira parte deste livro, você encontrará crônicas sobre educação e sobre o cotidiano, como forma de lembrar que vida e educação, embora sejam coisas distintas, são também um conjunto. Já a segunda parte, totalmente voltada para a educação, traz a importância do equilíbrio entre a razão e a emoção como fonte de pensamento e sensibilidade tão necessários para a construção da sociedade que desejamos.

Os gregos antigos tinham duas palavras para designar **tempo.** Uma delas é **CHRONOS**, que representa o tempo organizado pelo relógio e pelo calendário. Aquele tempo que marca o nosso corpo e nos traz a maturidade. A outra palavra é **KAIRÓS**, que represesenta a qualidade do momento e da vida. Chronos sem Kairós é enfadonho. É importante lembrar que Kairós é essencial para as crianças. E eu desejo que o Chronos gasto na leitura deste livro seja repleto de Kairós.

Com afeto,
RAQUEL ALVES

POR UM VIVER MELHOR

O alinhavar das palavras

Uma vez, Rubem Alves foi indicado para elaborar um parecer sobre a contratação de Paulo Freire pela UNICAMP. Com lucidez e coragem, escreveu que Freire não precisava de um parecer, era evidente a sua importância na educação brasileira.

De modo semelhante, Rubem Alves não precisa de apresentação: seus textos falam por si, com luz própria, capazes de despertar luzes adormecidas em todos nós. Desse modo, imaginamos um diálogo com os títulos que compõem este volume, organizado pela Raquel, sua filha. Eles alinhavam as palavras para a costura do bem conviver, que é um conviver com beleza e bondade e, assim, com sabedoria.

Podemos dizer que *A formação de educadores* precisa, mais do que nunca, levar em conta que *As pessoas ainda não foram terminadas* e que *Não basta viver, é preciso navegar*, é preciso, mesmo que pareça óbvio, *Ensinar com amor* e, mais ainda,

Ensinar o que não se sabe, Aprendendo com as cozinheiras as coisas essenciais.

A formação de educadores não precisa de aulas de oratória, e sim de *Escutatória*, pois *A arte de educar* pede que saibamos diferenciar simbolicamente os jogos de *Tênis x Frescobol,* para ensinarmos cooperação e, também, ir além do que aprendemos sobre o que é ser professor, vivenciando a analogia *Sobre jequitibás e eucaliptos.*

Depois de possíveis reflexões e debates, podemos caminhar para *A escola dos meus sonhos,* mas e o *Aluno perfeito*? Teremos que voltar ao texto *As pessoas ainda não foram terminadas* e relembrar Guimarães Rosa, em quem Rubem se inspirou: *"O senhor... mire e veja: o mais importante e bonito do mundo é isto: que as pessoas não estão sempre iguais, ainda não foram terminadas – mas que elas vão sempre mudando. Afinam ou desafinam. Verdade maior". (Grande sertão: veredas.)*

Os textos, *Todos juntos e misturados,* vividos como leitura vagarosa e evocativa, como fonte inspiradora de novas e fecundas práticas educativas, podem ensinar e/ou aprimorar a convivência e fazer do alinhavo a costura final *POR UM VIVER MELHOR.*

KATIA TAVARES

SEVERINO ANTÔNIO

POR UMA EDUCAÇÃO SENSÍVEL

No dia a dia, fragmentos de futuro

Rubem Alves dá nome e rosto a uma linhagem neorromântica e humanista de educação.

Neste volume, organizado por Raquel Alves, destacam-se intensamente alguns dos ideários de sua concepção:

- o primado da sensibilidade sobre a lógica, do mundo interior sobre a exterioridade, da imaginação sobre a informação;
- a relação permanente com a beleza e a bondade como forma de sabedoria;
- o pensar como ato criador;
- a leitura como relação amorosa com os textos e o conhecimento;
- a escuta amiga que desperta a voz do outro;
- a imagem da existência como obra de arte e a celebração do conviver.

Esses ideais, encarnados em textos evocativos e invocativos, revelam a necessidade de a escola ser um fragmento de futuro em que as crianças possam ser felizes em sua descoberta de si e do mundo. Na verdade, vão além das salas de aula, como uma concepção de vida, amorosa e poética, vitalmente necessária em nossos dias.

Katia Tavares
Severino Antônio

POR UM VIVER MELHOR

Sobre jequitibás e eucaliptos

"Educadores, onde estarão? Em que covas se terão escondido? Professores há aos milhares. Mas o professor é profissão, não é algo que se define por dentro, por amor. Educador, ao contrário, não é profissão; é vocação. E toda vocação nasce de um grande amor, de uma grande esperança."

Profissões e vocações são como plantas. Vicejam e florescem em nichos ecológicos, naquele conjunto precário de situações que as tornam possíveis e – quem sabe? – necessárias. Destruído esse hábitat, a vida vai-se encolhendo, murchando, fica triste, mirra, entra para o fundo da terra, até sumir. E o educador? Que terá acontecido com ele? Existirá ainda o nicho ecológico que torna possível a sua existência? Resta-lhe algum espaço? Será que alguém lhe concede a palavra ou lhe dá ouvidos? Merecerá sobreviver? Tem alguma função social ou econômica a desempenhar? Uma vez cortada a floresta virgem, tudo muda. É bem verdade que é possível plantar eucaliptos, essa raça sem-vergonha que cresce depressa, para substituir as velhas árvores seculares que ninguém viu nascer nem plantou. Para certos gostos, fica até mais bonito: todos enfileirados, em permanente posição de sentido, preparados para o corte. E para o lucro. Acima de tudo, vão-se os mistérios, as sombras não penetradas e desconhecidas, os silêncios, os lugares ainda não visitados. O espaço racionaliza-se sob a exigência da organização. Os ventos não mais serão cavalgados por espíritos misteriosos, porque todos eles só falarão de cifras, financiamentos e negócios.

Que me entendam a analogia. Pode ser que educadores sejam confundidos com professores, da mesma forma como se pode dizer "Jequitibá e eucalipto não é tudo árvore, madeira? No final, não dá tudo no mesmo?"

Não, não dá tudo no mesmo, porque cada árvore é a revelação de um hábitat, cada uma delas tem cidadania num mundo específico. A primeira, no mundo do mistério, a segunda, no mundo da organização, das instituições, das finanças. Há árvores que têm personalidade, e os antigos acreditavam mesmo que possuíam uma alma. É aquela árvore, diferente de todas, que sentiu coisas que ninguém mais sentiu. Há outras que são absolutamente idênticas umas às outras, que podem ser substituídas com rapidez e sem problemas. Eu diria que os educadores são como as velhas árvores. Possuem uma face, um nome, uma "história" a ser contada. Habitam um mundo em que o que vale é a relação que os liga aos alunos, sendo que cada aluno é uma "entidade" *sui generis*, portador de um nome, também de uma "história", sofrendo tristezas e alimentando esperanças. E a educação é algo para acontecer nesse espaço invisível e denso, que se estabelece a dois.

Espaço artesanal. Mas professores são habitantes de um mundo diferente, onde o "educador" pouco importa, pois o que interessa é um "crédito" cultural que o aluno adquire numa disciplina identificada por uma sigla, sendo que, para fins institucionais, nenhuma diferença faz aquele que a ministra. Por isso professores são entidades "descartáveis", da mesma forma como há canetas descartáveis, coadores de café descartáveis, copinhos de plástico para café descartáveis. De educadores para professores realizamos o mesmo salto que de pessoa para funções...

Não sei como preparar o educador. Talvez porque isso não seja nem necessário nem possível... É necessário acordá-lo. E aí aprenderemos que educadores não se extinguiram como tropeiros e caixeiros. Porque, talvez, nem tropeiros nem caixeiros tenham desaparecido, mas permaneçam como memórias de um passado que está mais próximo do nosso futuro que o ontem. Basta que os chamemos do seu sono, por um ato de amor e coragem. E talvez, acordados, repetirão o milagre da instauração de novos mundos.

Escutatória

"Não é bastante ter ouvidos para ouvir o que é dito. É preciso também que haja silêncio dentro da alma. Daí a dificuldade..."

Sempre vejo anunciados cursos de oratória. Nunca vi anunciado curso de escutatória. Todo mundo quer aprender a falar. Ninguém quer aprender a ouvir. Pensei em oferecer um curso de escutatória. Mas acho que ninguém vai se matricular. Escutar é complicado e sutil...

Parafraseio o Alberto Caeiro: "Não é bastante ter ouvidos para ouvir o que é dito; é preciso também que haja silêncio dentro da alma". Daí a dificuldade: a gente não aguenta ouvir o que o outro diz sem logo dar um palpite melhor, sem misturar o que ele diz com aquilo que a gente tem a dizer…Nossa incapacidade de ouvir é a manifestação mais constante e sutil de nossa arrogância e vaidade: no fundo, somos os mais bonitos…

Tenho um velho amigo, Jovelino, que se mudou para os Estados Unidos estimulado pela revolução de 64. Contou-me de sua experiência com os índios. Reunidos os participantes, ninguém fala. Há um longo, longo silêncio. (Os pianistas, antes de iniciar o concerto, diante do piano, ficam assentados em silêncio, abrindo vazios de silêncio, expulsando todas as ideias estranhas). Todos em silêncio, à espera do pensamento essencial.

Não basta o silêncio de fora. É preciso silêncio dentro. Ausência de pensamentos. E aí, quando se faz o silêncio dentro, a gente começa a ouvir coisas que não ouvia. Eu comecei a ouvir. Fernando Pessoa conhecia a experiência e se referia a algo que se ouve nos interstícios das palavras, no lugar onde não há palavras. A música acontece no silêncio. A alma é uma catedral submersa. No fundo do mar – quem faz mergulho sabe – a boca fica fechada. Somos todos olhos e ouvidos. Aí, livres dos ruídos do falatório e dos saberes da filosofia, ouvimos a melodia que não havia, que de tão linda nos faz chorar.

Para mim, Deus é isto: a beleza que se ouve no silêncio. Daí a importância de saber ouvir os outros: a beleza mora lá também. Comunhão é quando a beleza do outro e a beleza da gente se juntam num contraponto. Ouçamos os clamores dos famintos e dos despossuídos de humanidade que teimamos em não ver nem ouvir. É tempo de renovar, se mais não fosse, a nós mesmos e assim nos tornarmos seres humanos melhores, para o bem de cada um de nós.

É chegado o momento, não temos mais o que esperar. Ouçamos o humano que habita em cada um de nós e clama pela nossa humanidade, pela nossa solidariedade, que teima em nos falar e nos fazer ver o outro que dá sentido e é a razão do nosso existir, sem o qual não somos e jamais seremos humanos na expressão da palavra.

Formação do educador

"Imagine que você quer ensinar a voar. Na imaginação tudo é possível. Os mestres do voo são os pássaros. Aí você aprisiona um pássaro numa gaiola e pede que ele o ensine a voar. Pássaros engaiolados não podem ensinar o voo. Por mais que eles expliquem a teoria do voo, só ensinarão gaiolas."

Sonho com uma escola em que se cultivem pelo menos três coisas. Primeiro, a sabedoria de viver juntos: o olhar manso, a paciência de ouvir, o prazer em cooperar. A sabedoria de viver juntos é a base de tudo o mais.

Segundo, a arte de pensar, porque é a partir dela que se constroem todos os saberes. Pensar é saber o que fazer com as informações. Informação sem pensamento é coisa morta. A arte de pensar tem a ver com um permanente espantar-se diante do assombro do mundo, fazer perguntas diante do desconhecido, não ter medo de errar, porque os saberes se encontram sempre depois de muitos erros.

Terceiro, o prazer de ler. Jamais o hábito da leitura, porque o hábito pertence ao mundo dos deveres, dos automatismos: cortar as unhas, escovar os dentes, rezar de noite. Não hábito, mas leitura amorosa. Na leitura amorosa entramos em mundos desconhecidos, e isso nos faz mais ricos interiormente. Quem aprendeu a amar os livros tem a chave do conhecimento.

Mas essa escola não se constrói por meio de leis e parafernália tecnológica. De que vale uma cozinha dotada das panelas mais modernas se o cozinheiro não sabe cozinhar? É o cozinheiro que faz a comida boa, mesmo em panela velha. O cozinheiro está para a comida boa como o educador está para o prazer de pensar e aprender. Sem o educador, o sonho da escola não se realiza. A questão crucial da educação, portanto, é a formação do educador. "Como educar os educadores?"

Imagine que você quer ensinar a voar. Na imaginação tudo é possível. Os mestres do voo são os pássaros. Aí você aprisiona um pássaro numa gaiola e pede que ele o ensine a voar. Pássaros engaiolados não podem ensinar o voo. Por mais que eles expliquem a teoria do voo, só ensinarão gaiolas.

Marshal McLuhan disse que a mensagem, aquilo que se comunica efetivamente, não é o seu conteúdo consciente, mas o pacote em que a mensagem é transmitida. "O meio é a mensagem." Se

POR UMA EDUCAÇÃO SENSÍVEL

o meio para se aprender o voo dos pássaros é a gaiola, o que se aprende não é o voo, é a gaiola.

Aplicando-se essa metáfora à educação, podemos dizer que a mensagem que educa não são os conteúdos curriculares, a teoria que se ensina nas aulas, educação libertária etc. A mensagem verdadeira, aquilo que se aprende, é o "embrulho" em que esses conteúdos curriculares são supostamente ensinados.

Tenho a suspeita, entretanto, de que se pretende formar educadores em gaiolas idênticas àquelas que desejamos destruir.

Os alunos se assentam em carteiras. Professores dão aulas. Os alunos anotam. Tudo de acordo com a "grade curricular". "Grade" = "gaiola". Essa expressão revela a qualidade do "espaço" educacional em que vivem os aprendizes de educador.

O tempo do pensamento também está submetido às grades do relógio. Toca a campainha. É hora de pensar "psicologia". Toca a campainha. É hora de parar de pensar "psicologia". É hora de pensar "método"...

Os futuros educadores fazem provas e escrevem papers pelos quais receberão notas que lhes permitirão tirar o diploma que atesta que eles aprenderam os saberes que fazem um educador.

Desejamos quebrar as gaiolas para que os aprendizes aprendam a arte do voo. Mas, para que isso aconteça, é preciso que as escolas que preparam educadores sejam a própria experiência do voo.

Tênis × Frescobol

"Será possível, então, um triunfo no amor? Sim. Mas ele não se encontra no final do caminho: não na partida, não na chegada, mas na travessia."

Depois de muito meditar sobre o assunto, concluí que os casamentos são de dois tipos: há casamentos do tipo tênis e do tipo frescobol. Os casamentos do tipo tênis são uma fonte de raiva e ressentimentos e terminam sempre mal. Os casamentos do tipo frescobol são uma fonte de alegria e têm a chance de vida longa.

Explico-me. Para começar, uma afirmação de Nietzche, com a qual concordo inteiramente. Dizia ele: – "Ao pensar sobre a possibilidade de casamento, cada um deveria fazer a seguinte pergunta: Crê que seria capaz de conversar com prazer com esta

Por uma educação sensível

pessoa até a sua velhice?" Tudo o mais no casamento é transitório, mas as relações que desafiam o tempo são aquelas construídas sobre a arte de conversar.

Nos contos das *As mil e uma noites*, Sherazade sabia disso. Sabia que os casamentos baseados nos prazeres da cama são decapitados pela manhã, terminam em separação, pois os prazeres do sexo se esgotam rapidamente, terminam com a morte, como no filme *O império dos sentidos*. Por isso, quando o sexo já estava morto na cama, e o amor não mais podia dizer por meio dele, Sherazade o ressuscitava pela magia da palavra. Começava com uma longa conversa sem fim, que deveria durar mil e uma noites. O sultão se calava e escutava as suas palavras como se fossem música. A música dos sons ou da palavra – é a sexualidade sob a forma da eternidade; é o amor que ressuscita sempre depois de morrer. Há carinhos que se fazem com o corpo e carinhos que se fazem com as palavras. Não é ficar repetindo o tempo todo "eu te amo, eu te amo".

O tênis é um jogo feroz. Seu objetivo é derrotar o adversário. E a sua derrota se revela no seu erro: o outro foi incapaz de devolver a bola. Joga-se tênis para fazer o outro errar. O bom jogador é aquele que tem a exata noção do ponto fraco do seu adversário, e é justamente para aí que ele vai dirigir a sua cortada – palavra muito sugestiva que indica seu objetivo sádico, que é cortar, interromper, derrotar. O prazer do tênis se encontra, portanto, justamente no momento em que o jogo não pode mais continuar, porque o adversário foi colocado fora do jogo. Termina sempre com a alegria de um e a tristeza do outro.

O frescobol se parece muito com o tênis: dois jogadores, duas raquetes e uma bola. Só que, para o jogo ser bom, é preciso que nenhum dos dois perca. Se a bola veio meio torta, a gente sabe que não foi de propósito e faz o maior esforço do mundo para devolvê-la, e não há ninguém derrotado. Aqui ou os dois ganham ou ninguém ganha. E ninguém fica feliz quando o outro erra, pois o que se deseja é que ninguém erre. O erro de um, no frescobol, é como ejaculação precoce: um acidente lamentável que não deveria ter acontecido, pois o gostoso mesmo é aquele ir e vir, ir e vir, ir e vir...

E o que errou pede desculpas, e o que provocou o erro se sente culpado. Mas não tem importância: começa-se de novo esse delicioso jogo em que ninguém marca pontos. A bola são as nossas fantasias, irrealidade, sonhos sob a forma de palavras. Conversar é ficar batendo sonho para lá, sonho para cá. Sonho para lá, sonho para cá...

Mas há casais que jogam com os sonhos como se jogassem tênis. Ficam à espera do momento certo para a cortada. O jogo de tênis é assim: recebe-se o sonho do outro para destruí-lo, arrebentá-lo como bolha de sabão. O que se busca é ter razão, e o que se ganha é o distanciamento. Aqui, quem ganha sempre perde.

Já no frescobol é diferente. O sonho do outro é um brinquedo que deve ser preservado, pois sabe-se que, se é sonho, é coisa delicada, do coração. Assim cresce o amor. Ninguém ganha para que os dois ganhem. E se deseja, então, que o outro viva sempre, eternamente, para que o jogo nunca tenha fim...

Ensinar com amor

"Onde se ensina compaixão? Como se ensina compaixão? O lugar da compaixão não é o lugar do conhecimento. É no coração. É do coração que a ética surge, como determinação viva do corpo. Mas como se educa o coração? Conhecimento sem coração é demoníaco."

Minha neta Camila, 11 anos, estava almoçando quando, sem razão aparente, começou a chorar. Saiu da mesa e foi para a sala de televisão, onde se deitou num sofá e continuou a chorar. Fui até ela para saber o que estava acontecendo, e foi isto que ela me disse: *"Vovô, eu não consigo ver uma pessoa sofrendo sem sofrer. Quando vejo uma pessoa sofrendo, o meu coração fica junto ao coração dela..."*

Tão menina e já sofre da poesia. Ela pensa usando imagens: o meu coração fica junto ao coração dela… Isso tem o nome de compaixão. Talvez devêssemos abandonar a definição tradicional do ser humano como o animal que pensa e substituí-la por uma nova definição, tão mais verdadeira: "O homem é o animal que sente compaixão". Compaixão quer dizer "sentir junto". Não estou sofrendo. Mas vejo alguém sofrendo. Duas crianças, numa noite de garoa, num semáforo, me pedem um trocado. Elas me olham com seus olhos pingando de chuva. O seu olhar rompe a minha tranquilidade. E sofro com elas. Compaixão também se tem por um animal. Lembro-me de uma amiga chorando com o seu pássaro-preto nas mãos, morrendo. Afinal de contas, quanto vale um pássaro-preto? E pode até mesmo ser compaixão por uma planta. Fernando Pessoa sentia compaixão pelos arbustos. *"Aquele arbusto fenece, e vai com ele parte da minha vida. Em tudo quanto olhei fiquei em parte. Com tudo quanto vi, se passa, passo. Nem distingue a memória do que vi do que fui."*

A ética é uma disciplina filosófica que se dedica a investigar o bem que devemos fazer. Kant, um de seus grandes teóricos, assombrou-se com o fato de que os homens, inteligentes, capazes de conhecer com a sua razão o bem que deve ser feito, não o fazem. O conhecimento da ética não nos torna seres éticos. Um professor que ensina ética numa sala de aula pode ser um monstro quando ninguém está vendo.

Os políticos que mergulharam o Brasil nessa vergonha não são ignorantes. São inteligentes. Estudaram em boas escolas. Têm diplomas. Sabem o que é certo e o que é errado. E até mesmo se gabam de sua excelência em público, sem se envergonhar. Bom é pouco. Muito bom não chega. Excelentíssimo, bom acima de qualquer comparação: é assim que eles se tratam. A corrupção não decorre de uma falta de conhecimento. Decorre de uma doença na alma. Não aprenderam a compaixão. Não se enquadram, portanto, em nossa definição de homem. Seus corações não sofrem ao ver o sofrimento. Veem as crianças nas ruas, os velhos abandonados, os adolescentes confusos, os pobres com fome. Mas isso não faz os seus corações sofrer. Os corações sem compaixão batem sozinhos. Não saem de si.

Aí comecei a pensar nas escolas. Tantas coisas se ensinam lá! Os programas são enormes. Mas onde se ensina compaixão? Como se ensina compaixão? O lugar da compaixão não é o lugar do conhecimento. É no coração. É do coração que a ética surge, como determinação viva do corpo. Mas como se educa o coração? Conhecimento sem coração é demoníaco. As maiores atrocidades são perpetradas por meio dos conhecimentos de PhDs.

Se alguma escola estiver interessada em ensinar a compaixão, chamem a minha neta Camila. Ela sabe...

As pessoas ainda não foram terminadas

"Uma escola é um caldeirão de bruxas que o educador vai mexendo para "desigualizar" as pessoas e fazer outros mundos nascerem..."

"Nossos corpos são sonhos encarnados. Os animais não sonham. Os caramujos não sonham em ser borboletas. As minhocas não sonham em ser bem-te-vis. Todos os animais estão felizes com os seus corpos e por isso não sonham em ser outra coisa. (...) Mas, quando a natureza fez o homem, alguma coisa saiu errado. Talvez ela estivesse muito cansada. O fato é que ela misturou os elementos de modo errado. Colocou amor demais e poder de menos. Ela não nos deu asas, mas nos deu vontade de voar."

As diferenças entre um sábio e um cientista? São muitas e não posso dizer todas. Só algumas.

O sábio conhece com a boca, o cientista, com a cabeça. Aquilo que o sábio conhece tem sabor, é comida, conhecimento corporal. O corpo gosta. A palavra "sapio", em latim, quer dizer "eu degusto"... O sábio é um cozinheiro que faz pratos saborosos com o que a vida oferece. O saber do sábio dá alegria, razões para viver. Já o que o cientista oferece não tem gosto, não mexe com o corpo, não dá razões para viver. O cientista retruca: "Não tem gosto, mas tem poder"... É verdade. O sábio ensina coisas do amor. O cientista, do poder.

Para o cientista, o silêncio é o espaço da ignorância. Nele não mora saber algum; é um vazio que nada diz. Para o sábio, o silêncio é o tempo da escuta, quando se ouve uma melodia que faz chorar, como disse Fernando Pessoa num dos seus poemas. Roland Barthes, já velho, confessou que abandonara os saberes faláveis e se dedicava, no seu momento crepuscular, aos sabores inefáveis.

Outra diferença é que para ser cientista há de se estudar muito, enquanto para ser sábio não é preciso estudar. Um dos aforismos do Tao-Te-Ching diz o seguinte: "Na busca dos saberes, cada dia alguma coisa é acrescentada. Na busca da sabedoria, cada dia alguma coisa é abandonada". O cientista soma. O sábio subtrai.

Riobaldo, ao que me consta, não tinha diploma. E, não obstante, era sábio. Vejam só o que ele disse: "O senhor mire e veja: o mais importante e bonito do mundo é isto: que as pessoas não estão sempre iguais, ainda não foram terminadas – mas que elas vão sempre mudando...".

É só por causa dessa sabedoria que há educadores. A educação acontece enquanto as pessoas vão mudando, para que não deixem de mudar. Se as pessoas estivessem prontas, não haveria lugar para a educação. O educador ajuda os outros a irem mudando no tempo.

Eu mesmo já mudei nem sei quantas vezes. As pessoas da minha geração são as que viveram mais tempo, não pelo número de anos contados pelos relógios e calendários, mas pela infinidade de mundos por que passamos num tempo tão curto. Nos meus 74 anos, meu corpo e minha cabeça viajaram do mundo da pedra lascada e da madeira – monjolo, pilão, lamparina – até o mundo dos computadores e da internet.

Os animais e as plantas também mudam, mas tão devagar que não percebemos. Estão prontos. Abelhas, vespas, cobras, formigas, pássaros, aranhas são o que são e fazem o que fazem há milhões de anos. Porque estão prontos, não precisam pensar e não podem ser educados. Sua programação, o tal de DNA, já nasce pronta. Seus corpos já nascem sabendo o que precisam saber para viver.

Conosco aconteceu diferente. Parece que, ao nos criar, o Criador cometeu um erro (ou nos pregou uma peça!): deu-nos um DNA incompleto. E porque nosso DNA é incompleto somos condenados a pensar. Pensar para quê? Para inventar a vida! É por isso, porque nosso DNA é incompleto, que inventamos

Por uma educação sensível

poesia, culinária, música, ciência, arquitetura, jardins, religiões, esses mundos a que se dá o nome de cultura.

Pra isso existem os educadores: cumprir o dito do Riobaldo... Uma escola é um caldeirão de bruxas que o educador vai mexendo para "desigualizar" as pessoas e fazer outros mundos nascerem...

A arte de educar

"Se fosse ensinar a uma criança a beleza da música, não começaria com partituras, notas e pautas. Ouviríamos juntos as melodias mais gostosas e lhe contaria sobre os instrumentos que fazem a música. Aí, encantada com a beleza da música, ela mesma me pediria que lhe ensinasse o mistério daquelas bolinhas pretas escritas sobre cinco linhas. Porque as bolinhas pretas e as cinco linhas são apenas ferramentas para a produção da beleza musical. A experiência da beleza tem de vir antes."

Rubem Alves

"Educar é mostrar a vida a quem ainda não a viu. O educador diz: Veja!" e, ao falar, aponta. O aluno olha na direção apontada e vê o que nunca viu. Seu mundo se expande. Ele fica mais rico interiormente... E ficando mais rico interiormente ele pode sentir mais alegria – que é a razão pela qual vivemos. Já li muitos livros sobre Psicologia da Educação, Sociologia da Educação, Filosofia da Educação... Mas, por mais que me esforce, não consigo me lembrar de qualquer referência à Educação do Olhar. Ou à importância do olhar na educação, em qualquer um deles.

A primeira tarefa da Educação é ensinar a ver... É através dos olhos que as crianças tomam contato com a beleza e o fascínio do mundo... Os olhos têm de ser educados para que nossa alegria aumente. A educação se divide em duas partes: Educação das Habilidades e Educação das Sensibilidades. Sem a Educação das Sensibilidades, todas as habilidades são tolas e sem sentido. Os conhecimentos nos dão meios para viver. A sabedoria nos dá razões para viver.

Quero ensinar às crianças. Elas ainda têm olhos encantados. Seus olhos são dotados daquela qualidade que, para os gregos, era o início do pensamento: a capacidade de se assombrar diante do banal.

Para as crianças, tudo é espantoso: um ovo, uma minhoca, uma concha de caramujo, o voo dos urubus, os pulos dos gafanhotos, uma pipa no céu, um pião na terra. Coisas que os eruditos não veem.

Na escola eu aprendi complicadas classificações botânicas, taxonomias, nomes latinos – mas esqueci. E nenhum professor jamais chamou a minha atenção para a beleza de uma árvore... Ou para o curioso das simetrias das folhas. Parece que naquele tempo as escolas estavam mais preocupadas em fazer com que os alunos decorassem palavras do que com a realidade para a qual elas apontam.

As palavras só têm sentido se nos ajudam a ver o mundo melhor. Aprendemos palavras para melhorar os olhos. Há muitas pessoas de visão perfeita que nada veem... O ato de ver não é coisa natural. Precisa ser aprendido. Quando a gente abre os olhos, abrem-se as janelas do corpo, e o mundo aparece refletido dentro da gente. São as crianças que, sem falar, nos ensinam as razões para viver. Elas não têm saberes a transmitir. No entanto, elas sabem o essencial da vida. Quem não muda sua maneira adulta de ver e sentir e não se torna como criança, jamais será sábio.

Ensinar o que não se sabe

"Ensinar é um exercício de imortalidade. De alguma forma continuamos a viver naqueles cujos olhos aprenderam a ver o mundo pela magia da nossa palavra. O professor, assim, não morre jamais..."

E chega o momento em que o Mestre toma o discípulo pela mão e o leva até o alto da montanha. Atrás, na direção do nascente, veem-se vales, caminhos, florestas, riachos, planícies ermas, aldeias e cidades. Tudo brilha sob a luz clara do sol que acaba de surgir no horizonte. E o Mestre fala: por todos estes caminhos já andamos. Ensinei-lhe aquilo que sei. Já não há surpresas. Nestes cenários conhecidos moram os homens. Também eles foram meus discípulos! Dei-lhes o meu saber, e eles aprenderam as minhas lições. Constroem casas, abrem estradas, plantam campos, geram filhos... Vivem a boa vida cotidiana, com suas alegrias e tristezas. Veja estes mapas! Com estas palavras ele toma rolos de papel que trazia debaixo do braço e os abre diante do discípulo.

Aqui se encontra o retrato deste mundo. Se você prestar bem atenção, verá que há mapas dos céus, mapas das terras, mapas do corpo, mapas da alma. Andei por estes cenários. Naveguei, pensei, aprendi. Aquilo que aprendi e que sei, está aqui. E estes mapas eu lhe dou, como minha herança. Com eles você poderá andar por estes cenários sem medo e sem sustos, pisando sempre a terra firme. Dou-lhe o meu saber.

Aí o Mestre fica silencioso, olhando dentro dos olhos do discípulo. Ele quer adivinhar o que se esconde naquele olhar. Examina os seus pés. Nos pés sólidos se revela a vocação para andar pelas trilhas conhecidas. Quem sabe isto é tudo aquilo de que aquele corpo jovem é capaz! Quem sabe isto é tudo o que aquele corpo jovem deseja! Se assim for, talvez que o melhor seria encerrar aqui a lição e nada mais dizer. Mas o Mestre não se contém e procura, nas costas do seu discípulo, prenúncios de asas – asas que ele imaginara haver visto como sonho, dentro dos seus olhos. O Mestre sabe que todos os homens são seres alados por nascimento, e que só se esquecem da vocação pelas alturas quando enfeitiçados pelo conhecimento das coisas já sabidas.

Ensinou o que sabia. Agora chegou a hora de ensinar o que não sabe: o desconhecido.

POR UMA EDUCAÇÃO SENSÍVEL

Volta-se então na direção oposta, o mar imenso e escuro, aonde a luz do sol ainda não chegou. É este o seu destino. Os poetas o têm sabido desde sempre: a solidez, da terra, monótona, parece-nos fraca ilusão. Queremos a ilusão do grande mar, multiplicada em suas malhas de perigo (Cecília Meireles).

É preciso navegar. Deixando atrás as terras e os portos dos nossos pais e avós, nossos navios têm de buscar a terra dos nossos filhos e netos, ainda não vista, desconhecida. (Nietzsche).

Mas, para essa aventura, meus mapas não lhe bastam. Todos os diplomas são inúteis. E inútil todo o saber aprendido. Você terá de navegar dispondo de uma coisa apenas: os seus sonhos. Os sonhos são os mapas dos navegantes que procuram novos mundos. Na busca dos seus sonhos você terá de construir um novo saber, que eu mesmo não sei... E os seus pensamentos terão de ser outros, diferentes daqueles que você agora tem.

O seu saber é um pássaro engaiolado, que pula de poleiro em poleiro, e que você leva para onde quer. Mas dos sonhos saem pássaros selvagens, que nenhuma educação pode domesticar. Meu saber o ensinou a andar por caminhos sólidos. Indiquei-lhe as pedras firmes, onde você poderá colocar os seus pés, sem medo. Mas o que fazer quando se tem de caminhar por um rio saltando de pedra em pedra, cada pedra uma incógnita? Ah! Como são diferentes o corpo movido pelo sonho e o corpo movido pelas certezas.

Sobre leves esteios o primeiro salta para diante: a esperança e o pressentimento põem asas em seus pés. Pesadamente o segundo arqueja em seu encalço e busca esteios melhores para também alcançar aquele alvo sedutor, ao qual seu companheiro mais divino já chegou. Dir-se-ia ver dois andarilhos diante de um regato selvagem, que corre rodopiando pedras. O primeiro, com pés ligeiros, salta por sobre ele, usando as pedras e apoiando-se nelas para lançar-se mais adiante, ainda que, atrás dele, afundem bruscamente nas profundezas. O outro, a todo instante, detém-se desamparado, precisa antes construir fundamentos que sustentem seu passo pesado e cauteloso; por vezes isso não dá resultado, e, então, não há deus que possa auxiliá-lo a transpor o regato. (Nietzsche)

Até agora eu o ensinei a marchar. É isto que se ensina nas escolas. Caminhar com passos firmes. Não saltar nunca sobre o vazio. Nada dizer que não esteja construído sobre sólidos fundamentos. Mas, com o aprendizado do rigor, você desaprendeu o fascínio do ousar. E até desaprendeu mesmo a arte de falar. Na Idade Média (e como a criticamos!), os pensadores só se atreviam a falar se solidamente apoiados nas autoridades. Continuamos a fazer o mesmo, embora os textos sagrados sejam outros. Também as escolas e as universidades têm os seus papas, seus dogmas, suas ortodoxias. O segredo do sucesso na carreira acadêmica? Jogar bem a boca de forno, aprender a fazer tudo o que seu mestre mandar...

Agora o que desejo é que você aprenda a dançar. Lição de Zaratustra, que dizia que para se aprender a pensar é preciso primeiro aprender a dançar. Quem dança com as ideias descobre que pensar é alegria. Se pensar lhe dá tristeza, é porque você só sabe marchar, como soldados em ordem unida. Saltar sobre o vazio, pular de pico em pico. Não ter medo da queda. Foi assim que se construiu a ciência: não pela prudência dos que marcham, mas pela ousadia dos que sonham. Todo conhecimento começa com o sonho. O conhecimento nada mais é que a aventura pelo mar desconhecido, em busca da terra sonhada. Mas sonhar é coisa que não se ensina. Brota das profundezas do corpo, como a água brota das profundezas da terra. Como Mestre só posso então lhe dizer uma coisa: "Conte-me os seus sonhos, para que sonhemos juntos!".

As coisas essenciais

"O essencial é aquilo que se nos fosse roubado, morreríamos. O que não pode ser esquecido."

Leia este poema bem devagar, pois cada imagem merece a preguiça do olhar.

No mistério do sem-fim equilibra-se um planeta.
E, no planeta, um jardim e, no jardim, um canteiro:
no canteiro, uma violeta e, sobre ela, o dia inteiro
entre o planeta e o sem-fim a asa de uma borboleta.

É pequeno, mas diz tudo. Nada lhe falta, Universo. Nenhuma palavra lhe poderia ser acrescentada. Nenhuma palavra lhe poderia ser tirada. Assim se faz um poema, com palavras essenciais.

POR UMA EDUCAÇÃO SENSÍVEL

O poema diz o essencial. O essencial é aquilo que, se nos fosse roubado, morreríamos. O que não pode ser esquecido. Substância do nosso corpo e da nossa alma. Por isso as pessoas se suicidam: quando se sentem roubadas do essencial, mutiladas sem remédio, e a vida, então, não mais vale a pena ser vivida.

Os poetas são aqueles que, em meio a dez mil coisas que nos distraem, são capazes de ver o essencial e chamá-lo pelo nome. Quando isso acontece, o coração sorri e se sente em paz. Encontrou aquilo que procurava Kirilov, personagem de Dostoievski que assim descreve o encontro com o essencial:

"Há momentos em que a gente sente de súbito a presença da harmonia eterna. É um sentimento claro, indiscutível, absoluto. Apanhamos de repente a natureza inteira e dizemos 'é exatamente assim!' É uma alegria tão grande! Se durasse mais de cinco segundos, a alma não o suportaria e teria de desaparecer. Nesses cinco segundos vivo uma experiência inteira, e por eles daria toda a minha vida, pois eles bem o valem."

Chamava-se Norma. Estava doente, muito doente. Na véspera de sua morte, arrastou-se até o banheiro e foi até a pia para lavar-se dos vômitos. Abriu a torneira e a água fria escorreu sobre as suas mãos. Ela parou como que encantada pelo líquido que a acariciava. E de sua boca saíram estas palavras inesperadas: "A água... Como é bela! Sempre que a vejo penso em Deus. Acho que Deus é assim...". A morte na pia... A água que escorre... Os olhos contemplam a eternidade...

O universo essencial de Norma está cheio de fontes frescas e regatos transparentes onde brincam as suas mãos. O nome do filme

49

eu nem me lembro. Sei que se passava no Japão, um casal de velhinhos. A esposa havia morrido. Os filhos, reunidos para a divisão das coisas deixadas. De repente percebem uma ausência. O pai, onde estará? Pois não estava ali, entre eles. Depois de uma longa espera aflita, lá vem o seu vulto, banhado pela luz do crepúsculo.

"Papai, aonde foi? Estávamos preocupados!". "Aonde fui? Fui ver o pôr do sol. É tão bonito…". Os filhos repartem os despojos. Os olhos do pai contemplam o horizonte colorido… O universo essencial do pai está cheio de pores do sol. Sem eles os seus olhos ficariam eternamente tristes. Este poema é de Brecht:

"Quando no quarto branco do hospital acordei certa manhã e ouvi o melro, compreendi bem. Há algum tempo já não tinha medo da morte. Pois nada me poderá faltar se eu mesmo faltar. Então consegui me alegrar com todos os cantos dos melros depois de mim…".

A morte branca no quarto de hospital. Fora, o melro canta. Alegria pelos cantos que não ouvirei. No universo essencial de Brecht, o canto dos melros continuará, sem fim.

"Pergunto se, depois que se navega, a algum lugar, enfim, se chega… O que será talvez até mais triste. Nem barca, nem gaivota: somente sobre-humanas companhias…".

Cecília Meireles sabia o que era essencial. No seu mundo as barcas navegariam as águas, e gaivotas planariam pelos ares… O que é essencial? Os filósofos antigos reduziam o essencial a quatro elementos fundamentais: a água, a terra, o ar e o fogo. Concordo com eles. Pensavam estar fazendo cosmologia, mas estavam fazendo poesia. Sabiam dos segredos da alma.

POR UMA EDUCAÇÃO SENSÍVEL

Pois é disso que somos feitos. Posso imaginar um mundo sem que eu sinta por isso nenhuma tristeza especial. Mas não posso pensar um mundo sem a chuva que cai, sem regatos cristalinos, sem o mar misterioso... Não posso imaginar um mundo sem o calor do sol que agrada a pele e colore o poente, sem o fogo que ilumina e aquece... Não posso imaginar um mundo sem o vento onde navegam as nuvens, os pássaros e o cheiro das magnólias...

Não posso imaginar um mundo sem a terra prenhe de vida onde as plantas mergulham suas raízes... São esses os amantes com que a vida faz amor e engravida, de onde brota toda a exuberância e mistério deste mundo, nosso lar. Não preciso de deuses mais belos que esses. Ouço, pelo mundo inteiro, em meio ao barulho das dez mil coisas que fazem a nossa loucura, as vozes-poema daqueles que percebem o essencial. Elas dizem uma coisa somente: "Este mundo maravilhoso precisa ser preservado". Mas ouço também a voz sombria dos que perguntam: "Conseguiremos?".

51

Não basta viver, é preciso navegar

Aprendi com os fracassos que com ou sem a minha voz o sol sempre nascerá. Então, percebi que não se trata de cantar para o sol nascer, mas de cantar porque ele nasce. Ou ficar em silêncio. Todavia, se ficar em silêncio, com o tempo nem mesmo eu sentirei minha presença. Então, o meu cantar não tem haver com o sol. O meu cantar tem a ver comigo.

A vida é cheia de peripécias. Sempre que achamos que a entendemos, algo novo surge e trata de nos complicar. Sempre que achamos que a dominamos e que o mar ficará tranquilo, novas tempestades tratam de vir e temos de nos esforçar para que o barco se mantenha firme. Acreditamos que há algo a mais, o êxtase pelo qual vivemos; no entanto, parece que esse sonho

POR UMA EDUCAÇÃO SENSÍVEL

sempre é destroçado como se fôssemos moribundos sem direito ao banquete.

Com tantas tormentas, um dia o barco não resiste, atinge alguma pedra e é destruído, restando apenas pedaços de madeira. Você fica à deriva, sem saber o que fazer. Paralisado diante de mais um fracasso, diante da imensidão de um oceano. Cheio de angústias, arrependimentos, tristezas e desesperança. Pragueja-se a vida, os homens e os deuses. Mas, com choro ou riso, o sol sempre nascerá, e novos fracassos surgirão, porque estamos tentando. Tentando navegar em um mar ressacado, procurando um lugar de serena felicidade. Então, não se trata de fracassar, mas de continuar tentando. Não se trata de não perceber que muitos esforços às vezes são em vão, mas de não deixar que a luz a qual os poetas por vezes chamam de esperança se apague.

Aprendi com os fracassos que, se deixar a luz se apagar, serei apenas esquecimento no fundo do mar. O que resta depois do naufrágio é pegar os pedaços de madeira e fazer uma jangada capaz de ultrapassar as tormentas de angústia e encontrar uma nova terra de felicidade. É cantar sempre que uma aurora for anunciada, para que o universo não se esqueça de que somos fortes e resistimos mesmo quando os prantos são indizíveis. Continuamos a navegar e a enfrentar os monstros marinhos, porque acreditamos que "O universo tem um destino de felicidade" e que, enquanto se tem vida, mesmo com feridas, mesmo em uma jangada, nunca paramos de sonhar. É porque sonhamos que navegamos, já que navegação só se faz com sonhos.

Aprendi com os fracassos que a beleza sempre supera a maior tristeza. Então, não se trata de não perceber os destroços do naufrágio lançados ao mar, mas de perceber a jangada e a lua espelhada nas águas. Os riscos da navegação sempre existirão, e não adianta estudar um pouco mais de geografia, porque "Viver é navegar no mar alto". Os fracassos destroem os sonhos, mas o mar sempre aponta para novas possibilidades, e os sonhos sempre nos fazem navegar novamente. Somente viver, como já disseram, não é preciso. Navegar é preciso, acreditando no destino de felicidade do universo.

Aprendi com os fracassos que, por mais dura que seja a tempestade, sempre haverá pedaços de madeira suficientes para construir uma nova jangada e que dos sonhos destruídos sempre resta uma brasa que mantém acesa a luz a que os poetas por vezes chamam de esperança, a qual nos ilumina e nos faz navegar.

O aluno perfeito

Era uma vez um jovem casal que estava muito feliz. Ela estava grávida, e eles esperavam com grande ansiedade o filho que iria nascer.

Transcorridos os nove meses de gravidez, ele nasceu. Ela deu à luz um lindo computador! Que felicidade ter um computador como filho! Era o filho que desejavam ter! Por isso eles haviam rezado muito durante toda a gravidez, chegando mesmo a fazer promessas.

O batizado foi uma festança. Deram-lhe o nome de Memorioso, porque julgavam que uma memória perfeita é o essencial para uma boa educação. Educação é memorização. Crianças com memória perfeita vão bem na escola e não têm problemas para passar no vestibular.

E foi isso mesmo que aconteceu. Memorioso memorizava tudo que os professores ensinavam. Mas tudo mesmo. E não reclamava. Seus companheiros reclamavam, diziam que aquelas coisas que lhes eram ensinadas não faziam sentido. Suas inteligências recusavam-se a aprender. Tiravam notas ruins. Ficavam de recuperação.

Isso não acontecia com Memorioso. Ele memorizava com a mesma facilidade a maneira de extrair raiz quadrada, reações químicas, fórmulas de física, acidentes geográficos, populações de países longínquos, datas de eventos históricos, nomes de reis, imperadores, revolucionários, santos, escritores, descobridores, cientistas, palavras novas, regras de gramática, livros inteiros, línguas estrangeiras. Sabia de cor todas as informações sobre o mundo cultural.

A memória de Memorioso era igual à do personagem do Jorge Luís Borges de nome Funes. Só tirava dez, o que era motivo de grande orgulho para os seus pais. E os outros casais, pais e mães dos colegas de Memorioso, morriam de inveja. Quando filhos chegavam em casa trazendo boletins com notas em vermelho, eles gritavam: "Por que você não é como o Memorioso?".

Memorioso foi o primeiro no vestibular. O cursinho que ele frequentara publicou sua fotografia em outdoors. Apareceu na televisão como exemplo a ser seguido por todos os jovens. Na universidade, foi a mesma coisa. Só tirava dez. Chegou, finalmente, o dia tão esperado: a formatura. Memorioso foi o grande herói, elogiado pelos professores. Ganhou medalhas e mesmo uma bolsa para doutoramento no MIT.

POR UMA EDUCAÇÃO SENSÍVEL

Depois da cerimônia acadêmica foi à festa. E estavam todos felizes no jantar quando uma moça se aproximou de Memorioso e se apresentou: "Sou repórter. Posso lhe fazer uma pergunta?". "Pode fazer", disse Memorioso, confiante. Sua memória continha todas as respostas. Aí ela falou: "De tudo o que você memorizou, qual foi aquilo que você mais amou? Que mais prazer lhe deu?".

Memorioso ficou mudo. Os circuitos de sua memória funcionavam com a velocidade da luz, procurando a resposta. Mas aquilo não lhe fora ensinado. Seu rosto ficou vermelho. Começou a suar. Sua temperatura subiu. E, de repente, seus olhos ficaram muito abertos, parados, e se ouviu um chiado estranho dentro de sua cabeça, enquanto fumaça saía por suas orelhas. Memorioso primeiro travou. Deixou de responder a estímulos. Depois apagou, entrou em coma. Levado às pressas para o hospital de computadores, verificaram que seu disco rígido estava irreparavelmente danificado. Há perguntas para as quais a memória não tem respostas. É que tais respostas não se encontram na memória. Encontram-se no coração, onde mora a emoção...

Aprendendo com as cozinheiras

"As palavras só têm sentido se nos ajudam a ver o mundo melhor. Aprendemos palavras para melhorar os olhos."

A se acreditar em entendidos em coisas de outros mundos, já devo ter sido cozinheiro em alguma vida passada. É que tenho um fascínio enorme pelas panelas, pelo fogo, pelos temperos e por toda a bruxaria que acontece nas cozinhas, para a produção das coisas que são boas para o corpo. Não é só uma questão de sobrevivência. Os cozinheiros dos meus sonhos não se parecem com especialistas em dietética.

Interessa-me mais o prazer que aparece no rosto curioso e sorridente de alguém que tira a tampa da panela para ver o que está lá dentro. Minhas cozinhas, em minhas fantasias, nada têm a ver com estas de hoje, modernas, madeiras sem a memória dos

POR UMA EDUCAÇÃO SENSÍVEL

cortes passados e das coisas que se derramaram, tudo movido a botão, forno de micro-ondas, adeus aos jogos eróticos preliminares de espiar, cheirar, beliscar, provar, perfurar... Tudo rápido, tudo prático, tudo funcional. Imaginei que quem assim trata a cozinha, no amor deve ser semelhante aos galos e galinhas, quanto mais depressa melhor, há coisas mais importantes a se fazer. Como aquele vendedor de pílulas contra a sede, da história do "Pequeno Príncipe". Ir até o filtro é uma perda de tempo. Com a pílula elimina-se a perda inútil. "E que é que eu faço com o tempo que eu perco?", perguntou o Principezinho.

"...Você faz o que quiser", respondeu o vendedor. "Que bom! Então, é isto o que vou fazer, ir bem devagarzinho, mãos nos bolsos, até a fonte, beber água..."

Quero voltar à cozinha lenta, erótica, lugar onde a química está mais próxima da vida e do prazer, cozinha velha, quem sabe com alguns picumãs pendurados no teto, testemunhos de que até mesmo as aranhas se sentem bem ali.

Nada melhor que o contraste. A sala de visitas, por exemplo. Lá no interior de Minas, faz tempo. Retrato silencioso oval do avô, na parede; samambaia no cachepô de madeira envernizada; porta-bibelôs; as cadeiras, encostos verticais, 90 graus, para que ninguém se acomodasse; capas brancas engomadas pra que nenhuma cabeça brilhantinosa se encostasse; os donos dizendo em silêncio "está mesmo na hora", enquanto a boca mente dizendo "ainda é cedo", na hora da partida, junto com as recomendações à tia Sinhá (porque toda família tinha de ter uma tia Sinhá). Aí a porta se fechava, e a vida recomeçava, na cozinha...

59

A porta da rua ficava aberta. Era só ir entrando. Se não encontrasse ninguém, não tinha importância, porque em cima do fogão estava a cafeteira de folha, sempre quente, para quem quisesse. Tomava-se o café e ia-se embora, havendo recebido o reconforto daquela cozinha vazia e acolhedora. Eu diria que a cozinha é o útero da casa: lugar onde a vida cresce e o prazer acontece, quente... Tudo provoca o corpo, e sentidos adormecidos acordam. São os cheiros de fumaça, da gordura queimada, do pão de queijo que cresce no forno, dos temperos que transubstanciam os gostos, profundos dentro do nariz e do cérebro, até o lugar onde mora a alma. Os gostos sem fim, nunca iguais, presentes na ponta da colher para a prova, enquanto o ouvido se deixa embalar pelo ruído crespo da fritura e os olhos aprendem a escultura dos gostos e dos odores nas cores que sugerem o prazer...

Cozinha: ali se aprende a vida. É como uma escola em que o corpo, obrigado a comer para sobreviver, acaba por descobrir que o prazer vem de contrabando. A pura utilidade alimentar, coisa boa para a saúde, pela magia da culinária, se torna arte, brinquedo, fruição, alegria. Cozinha, lugar dos risos...

Pensei, então, se não haveria algo que os professores pudessem aprender com os cozinheiros: que a cozinha fosse a antecâmara da sala de aulas, e que os professores tivessem sido antes, pelo menos nas fantasias e nos desejos, mestres-cucas, especialistas nas pequenas coisas que fazem o corpo sorrir de antecipação. Isto. Uma Filosofia Culinária da Educação. Imaginei que os professores, acostumados a homens ilustres, sem cheiro de cebola na mão, haveriam de se ofender, pensando que isto não passa de uma gozação minha.

Por uma educação sensível

Logo me tranquilizei ao ouvir a sabedoria de Ludwig Feuerbach, a quem até mesmo Marx prestou atenção: "O homem é aquilo que ele come". Abaixo Descartes. Ideias claras e distintas podem ser boas para o pensamento. Também bombas atômicas e as contas do FMI são boas para serem pensadas. Só que não podem ser amadas, não têm gosto nem cheiro, e por isso mesmo a boca não as saboreia e não entram em nossa carne.

Imitar os que preparam as coisas boas e ensinam os sabores...

A primeira lição é que não há palavra que possa ensinar o gosto do feijão ou o cheiro do coentro. É preciso provar, cheirar, só um pouquinho, e ficar ali, atento, para que o corpo escute a fala silenciosa do gosto e do cheiro. Explicar o gosto, enunciar o cheiro; pra estas coisas a Ciência de nada vale; é preciso sapiência, ciência saborosa, para se caminhar na cozinha, este lugar de saber-sabor. Cozinheiro: bruxo, sedutor. "– Vamos, prove, veja como está bom..." Palavras que não transmitem saber, mas atentam para um sabor. O que importa está para além da palavra. É indizível. Como ele seria tolo se avaliasse seus alunos por meio de testes de múltipla escolha. É assim com a vida inteira, que não pode ser dita, mas apenas sugerida. Lembro-me do mestre Barthes, a quem amo sem ter conhecido, que compreendia que tudo começa nessa relação amorosa, ligeiramente erótica, entre mestre e aprendiz, e que só aí se podem saborear, como numa refeição eucarística, os pratos que o mestre preparou com a sua própria carne...

A lição dois é que o prazer do gosto e do cheiro não convivem com a barriga cheia. O prazer cresce em meio às pequenas abstenções, às provas que só tocam a língua... É aí que o corpo vai se descobrindo como entidade maravilhosamente polimórfica na sua infindável capacidade para sentir prazeres não pensados. Já os estômagos estufados põem fim ao prazer, pedem os digestivos, o sono e a obesidade. Cozinheiros de tropa nada sabem sobre o prazer. A comida se produz às dezenas de quilos. Pouco importa que os corpos sorriam. Comida combustível. Que os corpos continuem a marchar. Melhor se fossem pílulas. Abolição da cozinha, abolição do prazer: pura utilidade, zero de fruição.

"– Estava boa a comida?"

"– Ótima. Comi um quilo e duzentos gramas..."

Equação desejável, pela redução do prazer à quantidade de gramas. Não deixa de ser uma Filosofia...

Como aquela que desemboca nos cursinhos vestibulares e já se anuncia desde a primeira série do primeiro grau. Não se trata da erotização do corpo. Para a engorda, tais sensibilidades são dispensáveis. Artifício na criação de gansos, para a obtenção de fígados maiores: funis goelas abaixo e por ali a comida sem gosto. Afinal, por que razão o prazer de um ganso seria importante? Seus donos sabem o que é melhor para eles... Vi nossos moços assim, funis goela abaixo, e depois vomitando e pensando o seu vômito. A isto se chama ver quantos pontos se fez no vestibular...

Entendem por que eu queria uma filosofia culinária de educação? É que temos tomado os criadores de ganso como modelos...

A escola dos meus sonhos

Vou contar um caso de amor. Amor à primeira vista. Eu me apaixonei pela Escola da Ponte. Bastou vê-la para que um passado reverberasse dentro de mim.

Não tenho memórias dolorosas do grupo escolar. As coisas a serem aprendidas eram fáceis, e eu as aprendia sem esforço. Mas minha efervescência intelectual – pois as crianças também têm efervescências intelectuais – estava em outro lugar: no mundo que começava quando eu saía da escola.

Eu me levantava às cinco horas e me punha a andar pela casa fazendo barulho. Queria que os adultos dorminhocos despertassem do seu sono para o mundo maravilhoso que aparecia com a luz do dia. Minha curiosidade me levou a desmontar o relógio de pulso de minha mãe, o único que ela possuía. Queria saber como ele funcionava, aquelas engrenagens fascinantes. Infelizmente, não consegui montá-lo de novo.

No grupo escolar, nos ensinavam o que o programa mandava: o nome de serras, Serra da Mata da Corda, do Espinhaço, da Bocaina; o nome de afluentes de rios distantes, dos quais a única coisa que aprendíamos eram… os nomes. O que me foi útil no exame de admissão, porque me perguntaram o nome da segunda maior ilha fluvial do mundo. Tupinambarana. Eu sabia o nome. Mas, ainda hoje, nada sei sobre a ilha.

Era tempo da Segunda Guerra Mundial. As batalhas entravam em nossa casa pelo rádio. "E Stalingrado continua a resistir." "Aviões aliados martelaram as posições nazistas no Vale do Pó." Meu pai afixou um mapa da Europa na parede, e nele íamos seguindo os movimentos das tropas. A imaginação corria rapidamente e eu me sentia como um soldado na frente de batalha. O mapa, os países, o nome das cidades, dos rios, das montanhas – tudo estava vivo para mim.

Conto essas coisas da minha vida de menino para dizer que as crianças são curiosas naturalmente e têm o desejo de aprender. O seu interesse natural desaparece quando, nas escolas, a sua curiosidade é sufocada pelos programas impostos pela burocracia governamental. Pela minha vida tenho estado à procura da escola que daria asas à curiosidade do menino que fui. Pois, de repente, sem que eu esperasse, eu me encontrei com a escola dos meus sonhos. E me apaixonei.

Novas formas de ver

Tudo começou em 2000, via internet. Comecei a receber e--mails de um desconhecido de Portugal, Ademar Ferreira dos Santos. Uma brasileira lhe havia dado um livrinho meu, *Histórias de Quem Gosta de Ensinar*. Ele gostou. Sem nos conhecermos pessoalmente, nos descobrimos amigos. Ele me convidou para ir a Portugal e falar aos professores da Universidade de Braga e adolescentes de uma escola secundária.

Fui e fiz. Foi bom. Aí, numa manhã, ele me disse: "Vou levar--te a conhecer uma escola diferente". "Diferente como?", perguntei. "Não é possível dizer-te. Tu verás." Chegamos à escola. Na sua frente havia um pátio arborizado. Lá estava o diretor, professor José Pacheco. Mais tarde, aprendi que ele se recusa a ser chamado de diretor, por razões que explicarei mais tarde.

Minha expectativa era de que o diretor, por um mínimo dever de cortesia, haveria de levar-me a conhecer a escola. Homem de poucas palavras, trocamos meia dúzia de banalidades. Vinha passando à nossa frente uma menina de uns nove anos. Ele a chamou e disse: "Tu podes mostrar e explicar a nossa escola ao nosso visitante?". "Pois, pois", respondeu a menina, sem mostrar nenhuma surpresa. Ato contínuo, ele me abandonou e fiquei eu à mercê da menina.

Os primeiros sustos

Eu nunca tinha tido experiência semelhante e nunca imaginei que fosse possível que um diretor entregasse a uma aluna, menina de nove anos, a tarefa de mostrar e explicar a sua escola a um educador estrangeiro.

A menina não se fez de rogada. Encaminhou-se resolutamente na direção da porta da escola, e eu, obedientemente, a segui. Chegando à porta, ela parou, voltou-se para mim e disse em voz resoluta e confiante: "Para entender a nossa escola, o senhor terá de se esquecer de tudo o que o senhor sabe sobre escolas. Não temos turmas, não temos alunos separados por classes, nossos professores não dão aulas com giz e lousa, não temos campainhas separando o tempo, não temos provas e notas". Foi o segundo susto. As palavras da menina produziram um vazio na minha cabeça. Porque as escolas que conheço, mesmo as mais experimentais e avançadas, têm professores dando aulas, têm turmas, têm salas de aula que separam as crianças, têm provas e testes, têm notas e boletins para o controle dos pais.

Professores aprendizes

Perguntei: "E como é que vocês aprendem?". Ela me respondeu: "Formamos um pequeno grupo de seis pessoas em torno de um tema de interesse comum. Convidamos um professor para ser nosso assessor. Ele nos ajuda com informações bibliográficas e de internet. Estabelecemos, de comum acordo, um programa de trabalho de duas semanas. Durante esse tempo, lemos e pesquisamos. Ao cabo de duas semanas, nos reunimos para avaliar o que aprendemos e o que deixamos de aprender".

POR UMA EDUCAÇÃO SENSÍVEL

Percebi logo que naquela escola não podia haver livros-texto. Livros-texto são onde se encontram os saberes que, por escolha e determinação de uma instância burocrática superior, devem ser aprendidos pelos alunos. O conjunto desses saberes se denomina "programa". Mas acontece que a curiosidade não segue os caminhos determinados pela burocracia.

Sem livros-texto, as crianças têm de aprender a procurar os saberes necessários à compreensão do "tema de interesse comum". E os professores deixam de ser aqueles que sabem os saberes prescritos pelos programas. Eles se encontram permanentemente em suspenso ante o inesperado dos interesses das crianças. Os professores não são aqueles que sabem os saberes. São aqueles que sabem encontrar caminhos para os saberes. De qualquer forma, os saberes já se encontram em livros, bibliotecas, enciclopédias, internet. Acresce-se a isso o fato de que, hoje, os saberes se tornam rapidamente obsoletos.

Se os alunos tiverem os mapas e souberem encontrar o caminho, eles terão sempre condições de descobrir o que sua curiosidade pede. E os professores, por não saberem de antemão o que as crianças querem saber, têm de se tornar aprendizes junto às crianças. O tal "programa de trabalho de duas semanas", de que falou a menina, era para os professores também. Eles ensinam o aprender aprendendo junto. O que é muito mais divertido do que ficar, todos os anos, repetindo os mesmos saberes imobilizados pelos programas. Ficar a repetir o que se sabe, ano após ano, é, sem dúvida, uma prática emburrecedora.

Dentro da escola

Andamos um pouco e a menina abriu a porta da escola. Era uma grande sala, com muitas mesinhas, crianças pequenas, crianças grandes, algumas com síndrome de Down, todas juntas no mesmo espaço. Cada uma fazendo a sua coisa. Estantes com livros. Vários computadores. Algumas crianças lendo ou escrevendo. Outras consultando livros e a internet. Algumas professoras assentadas às mesinhas junto das crianças. Ninguém falava alto. Só sussurros. E ouvia-se, baixinho, música clássica.

Numa parede, em letras grandes, estavam várias frases relativas ao descobrimento do Brasil. Era o ano em que se comemoravam os cinco séculos da descoberta. "Que são essas frases?", perguntei. "Os miúdos [crianças] estão a aprender a ler. Aqui não aprendemos nem letras, nem sílabas. Só aprendemos totalidades. Mas temos de aprender a ordem alfabética para consultar o dicionário." Outro susto: aprender a consultar o dicionário tão cedo?

Mistérios do dicionário

Ao nosso lado havia uma mesinha em que três meninas trabalhavam. Uma delas consultava um dicionário. Ajoelhei-me ao seu lado, para que nossos olhos estivessem no mesmo nível, e perguntei: "Tu estás a consultar o dicionário?". "Sim", ela me respondeu. "Procuras uma palavra que não conheces?". "Não, conheço a palavra." Eu não entendi e perguntei de novo: "Mas se conheces a palavra por que a procuras no dicionário?". Aí ela me deu uma resposta que me produziu outro susto. "É que estou a produzir um texto para os miúdos e usei uma palavra que, creio, eles não conhecem. Estou, assim, a preparar um pequeno dicionário que colocarei ao pé da página do meu texto para que entendam o que escrevi, posto que ainda não podem consultar o dicionário por não haverem ainda aprendido a ordem alfabética." Fiquei assombrado. Aquela menina tinha clara consciência dos limites dos conhecimentos dos "miúdos". Ela escrevia pensando neles. Naquela idade, já era uma educadora.

Os quadros de ajuda

Para que aquela menina estivesse escrevendo um texto para as crianças era preciso que não houvesse paredes separando-a dos "miúdos", que eles ocupassem o mesmo espaço e existisse entre eles relações de comunicação, confiança e responsabilidade. O texto que ela escrevia não fora um "dever" que a professora lhe passara. Ela o escrevia a pedido dos alunos mais novos.

Essa rede livre de comunicação, responsabilidade e ajuda estava silenciosamente exibida em dois quadros afixados na parede. Num deles estava escrito *Preciso que me ajudem em*; no outro, *Posso ajudar em*. Qualquer aluno que esteja com um problema, antes de procurar a professora, escreve o seu pedido no primeiro quadro: "Preciso que me ajudem em regra de três", e assina o nome, Fátima, por exemplo. Aí, o Sérgio, passando pelo quadro, vê a mensagem da Fátima e pensa: "A Fátima não sabe regra de três. Eu sei. Vou ajudá-la". E isso acontece naturalmente, é parte do cotidiano da escola. Não é preciso pedir licença à professora nem há hora certa para se fazer isso.

O segundo quadro é o contrário: quando um aluno se sente competente em um saber, ele o anuncia aos colegas e se coloca à disposição. A capacidade de ensinar um saber a alguém vale por uma avaliação. E é o aluno quem a faz. É ele que se sente competente. Assim vão eles praticando as virtudes de ensinar, de aprender e de se ajudarem uns aos outros.

O grande tribunal

Eu me encontrava num estado de perplexidade. Como explicar aquilo que eu via acontecendo?

Ninguém falando alto, nenhuma professora pedindo silêncio, todos trabalhando, a música clássica. Aquilo não podia ser toda a verdade. Devia haver algo mais. Perguntei à menina: "Mas vocês não têm alunos agressivos, indisciplinados, que gritam e perturbam a ordem?". "Temos. Mas para isso temos o tribunal de alunos. Quando um menino ou uma menina se comporta de maneira a perturbar a ordem nos termos que nós mesmos estabelecemos, o tribunal entra em ação e providências disciplinares são tomadas."

"Que coisa maravilhosa", eu pensei. Uma escola onde os professores não são responsáveis pela disciplina. E nem o diretor é a instância punitiva última, para onde são enviados os desordeiros. É a comunidade das crianças que cuida disso. Professores e diretor podem, assim, se dedicar aos desafios prazerosos de aprender junto com os alunos.

O último julgamento

Voltei à Escola da Ponte em 2001. Perguntei sobre o tribunal. O professor José Pacheco contou-me que o tribunal não existia mais. Fora abolido pela assembleia. Percebeu-se que ele era uma instância de punição, e não de recuperação. E passou a relatar-me o incidente que produzira a sua dissolução.

Um aluno violento fora levado ao tribunal para responder por uma agressão. A assembleia da escola nomeou, como de praxe, um advogado de acusação. O réu escolheu um colega para defendê-lo. A assembleia se reuniu para o julgamento.

"A acusação foi devastadora", relatou o professor José Pacheco. "Reuniu as provas e estabeleceu de forma cabal a culpa do réu. Eu pensei: ele está perdido, não há saída. Entrou em ação o advogado de defesa. Ele não negou o que fora apresentado pela acusação, nem apresentou fatos que minimizassem a culpa do réu, mas lembrou aos membros do tribunal que todos eles eram cristãos, frequentavam a missa e o catecismo. E que, na igreja, se ensinava que o amor nos leva a ajudar aqueles que estão em dificuldades. Concluiu: 'Pois esse colega tem estado em dificuldades há muito tempo e todos sabíamos disso. E agora estamos prontos a puni-lo. Antes que o tribunal dê a sentença, e em nome da nossa coerência, quero que respondamos o que fizemos para ajudá-lo.'"

Esse foi o fim do tribunal. No seu lugar estabeleceu-se uma comissão de ajuda. Hoje, na Escola da Ponte, quando algum aluno começa a apresentar problemas de comportamento, essa comissão se adianta e nomeia colegas para ajudá-lo, com a missão de estar sempre por perto do dito aluno. E, quando se percebe que ele vai fazer algo inadequado, os colegas entram em ação para tentar dissuadi-lo.

O direito à alegria

A menina continuou a me guiar. Chegamos a uma mesa onde estava trabalhando uma aluna com síndrome de Down. Vi a garota e pensei sobre sua convivência mansa com os seus colegas. Senti que sua presença ali era algo normal e feliz na rede de relação de solidariedade e de aprendizado que constitui a escola. Aquela menina era parte dessa rede. Com algumas peculiaridades e limitações, é claro. Mas, como todos os outros, ela se dedicava a aprender.

Se me perguntarem se ela conseguia seguir o programa, eu responderia dizendo que não há um programa a ser seguido numa ordem certa e num mesmo ritmo. Cada criança é única, com seus próprios sonhos, ritmos e interesses. A escola não pode destruir essa criança para amoldá-la a uma "forma".

O objetivo da escola é criar um espaço em que cada criança possa pensar os seus sonhos e realizar aquilo que lhe é possível, no ritmo que lhe é possível. Pensei que, nas escolas da minha memória, é comum que a preocupação dominante dos professores seja dar o programa. É isso que a administração pede deles. Não é incomum que professores, em conversas, falem em que lugar da "corrida" dos programas eles se encontram. É compreensível. Como partes da máquina burocrática, eles perderam a liberdade e se esqueceram dos sonhos antigos.

A educação não tem como objetivo preparar os alunos para ingressar no mercado de trabalho. O objetivo é criar as condições possíveis para a experiência da alegria. Porque é para isso que vivemos. A escola deve ser um espaço em que isso acontece. Parte das potencialidades daquela menininha tem a ver com saber viver no mundo dos ditos "normais". E parte das potencialidades das crianças ditas "normais" tem a ver com saber conviver com crianças diferentes – e ajudá-las. Isso também é alegria. Esse aprendizado de solidariedade é mais importante do que qualquer conteúdo de programa.

Cada aluno é único

Pensei: o que são programas? Programas são uma organização lógica de saberes dispostos numa ordem linear e que devem ser aprendidos numa velocidade igual, como se todos estivessem numa linha de montagem de uma fábrica.

Sobre que pressupostos se constroem os programas? Bem, o primeiro costuma ser mais ou menos assim: "A aprendizagem se dá numa relação entre o saber, abstratamente definido, e a inteligência da criança. A mediação entre saberes e inteligência se dá pela didática. Se a aprendizagem não acontece, o problema se encontra ou na inteligência deficiente da criança ou numa didática inadequada".

Um segundo pressuposto prega que "todas as crianças são iguais". É só isso o que justifica que os mesmos saberes sejam dados a todas as crianças. Mas isso é patentemente falso. Os sonhos das crianças das praias de Alagoas, das montanhas de Minas Gerais, da Amazônia, das favelas, dos condomínios ricos não são os mesmos. Então, qual é o sentido instrumental dos saberes abstratos igualmente prescritos a todas as crianças pelos programas? Não admira que sejam logo esquecidos. Só realmente aprendemos aquilo que usamos.

"Todas as crianças têm o mesmo ritmo. Por isso as crianças têm de aprender no ritmo em que as aulas são dadas." Ah, o ritmo das aulas. Toca a campainha, é hora de pensar português. Toca a campainha, é hora de parar de pensar português e começar a pensar matemática. Toca a campainha, é hora de parar de pensar matemática e começar a pensar geografia. E assim por diante. O ritmo e a fragmentação das aulas estão em completo desacordo com tudo o que sabemos sobre o processo de pensamento. Não é possível dar ordens ao pensamento para que ele pare de pensar numa coisa numa certa hora e comece a pensar em outra.

POR UMA EDUCAÇÃO SENSÍVEL

Mas há ainda um quarto pressuposto: "A avaliação da aprendizagem se faz por meio de provas e testes e os seus resultados são expressos em números". Confesso ainda não ter compreendido a função pedagógica desse procedimento. Sobre isso há muito a ser escrito.

Grandes horizontes

Na Escola da Ponte não há programas. Isso não quer dizer que a aprendizagem aconteça ao sabor dos desejos das crianças. Imagine um homem do campo, que só conheça as comidas mais simples: polenta, feijão, abobrinha, picadinho de carne. Imagine que ele venha à cidade e seja levado por um amigo a um restaurante. "Que é que o senhor deseja?", lhe perguntaria o garçom. Ele certamente responderia falando de polenta, feijão, abobrinha, picadinho de carne, pois esse é o seu repertório de pratos. Aí, o amigo lhe diria: "Quero sugerir que você experimente uns pratos diferentes".

Assim acontece na relação entre professores e alunos. Os professores sabem mais. É por isso que são professores. E uma de suas tarefas é "seduzir" as crianças para coisas que elas ainda não experimentaram. Eles lhes apontam coisas que nunca viram e as introduzem num mundo desconhecido de arte, literatura, música, natureza, lugares, história, costumes, ciências, matemática. "A primeira tarefa da educação é ensinar a ver", dizia o filósofo Nietzsche. Não é obrigatório que elas gostem do que veem. Mas é importante que seus horizontes se alarguem.

O direito de não ler

O dia na Escola da Ponte se inicia de uma forma inusitada. Cada criança se assenta onde quer e escreve numa folha de caderno o seu plano de trabalho para aquele dia. Esse plano de trabalho está ligado ao seu projeto de investigação. Ao final do dia, comparando o realizado com o planejado, ela poderá avaliar o quanto caminhou. Eu imagino que deveria ser mais ou menos assim que o trabalho acontecia nas oficinas artesanais e de arte do Renascimento: os aprendizes trabalhavam num projeto artesanal, ou de escultura, pintura, e, vez por outra, o mestre aparecia para avaliar, corrigir, sugerir.

Andando na Escola da Ponte, encontro um cartaz cujo título era: *Direitos e deveres das crianças em relação aos livros.* O primeiro direito me deu um susto tão grande que nem li os outros. Foi susto por ser inesperado. Mas foi um susto bom. Até ri. Dizia assim: "Toda criança tem o direito de não ler o livro de que não gosta".

Esse direito sempre me pareceu óbvio. Mas eu nunca o havia visto assim escrito de forma clara, numa escola, para que os alunos o lessem. As escolas da minha memória jamais fariam isso. Porque é parte do seu dever burocrático fazer com que as crianças leiam os livros de que não gostam.

Há professores que ensinam literatura para desenvolver uma postura crítica nos seus alunos. Mas esse não é o objetivo da literatura. Lê-se pelo prazer de ler. Por isso, refugo quando pessoas falam sobre a importância de desenvolver o hábito de leitura.

Isso é o mesmo que dizer que é preciso desenvolver nos maridos o hábito de beijar a mulher. Hábitos são comportamentos automatizados que nada têm a ver com prazer. Lê-se pela mesma razão que se dá um beijo amoroso: porque é deleitoso, porque dá prazer ao corpo e alegria à alma.

As duas caixas

Já resumi minha teoria de educação dizendo que o corpo carrega duas caixas. Uma delas é a "caixa de ferramentas", onde se encontram todos os saberes instrumentais, que nos ajudam a fazer coisas. Esses saberes nos dão os "meios para viver". Mas há também uma "caixa de brinquedos". Brinquedos não são ferramentas. Não servem para nada. Brincamos porque o brincar nos dá prazer. É nessa caixa que se encontram a poesia, a literatura, a pintura, os jogos amorosos, a contemplação da natureza. Esses saberes, que para nada servem, nos dão "razões para viver".

A "caixa de ferramentas" guarda muitos livros: manuais, listas telefônicas, livros de ciências. Na "caixa de brinquedos" estão os livros de literatura e poesia que devem ser lidos pelo prazer que nos dão. Obrigar uma criança ou um adolescente a ler um livro de que não gosta só tem um resultado: desenvolver o ódio pela leitura. É o que acontece com os jovens que, preparando-se para o vestibular, são obrigados a ler os "resumos". A receita certa para destruir o prazer da leitura é colocar um teste ao seu final para avaliar o aprendido. Ou pedir que se faça um fichamento do livro lido.

Leis e direitos

Numa parede da escola se encontravam as "leis". Mais importante que as leis era o fato de que elas tinham sido sugeridas e aprovadas pela assembleia de alunos. Aquele documento representava a vontade coletiva de crianças, professores e funcionários. Era o seu "pacto social" de convivência. Lembro-me de alguns itens. "Todas as pessoas têm o direito de dizer o que pensam sem medo." "Ninguém pode ser interrompido quando está falando." "Não se deve arrastar as cadeiras fazendo barulho."

O item que mais me comoveu e que é revelador da alma daquelas crianças foi este: "Temos o direito de ouvir música enquanto trabalhamos, para pensar em silêncio". Entendi, então, a razão da música clássica que se ouvia baixinho.

Acho bem e acho mal

Ao final da minha caminhada inaugural pela Escola da Ponte, a menina me indicou um computador. "Nesse computador se encontram dois arquivos", ela explicou. "Um se chama Acho bem, o outro, Acho mal." Qualquer pessoa pode usar o computador para comunicar aos outros o que acha bem e o que acha mal. Um ninho de passarinho num galho de árvore, um ato do presidente da República, o aniversário de um colega, um livro divertido – tudo isso pode estar no Acho bem. No Acho mal, eu encontrei: "Acho mal que o Fernando fique a dar estalos na cara da Marcela". Pensei logo: "Esse é candidato ao tribunal…".

As crianças haviam aprendido que há palavras grosseiras, chulas, que não devem ser usadas. No seu lugar usam-se outras palavras sinônimas. É o caso do verbo "cagar", que não deve ser usado em situação alguma. Mas pode-se usar o sinônimo "defecar", que, sem ser elegante, pelo menos não ofende. Pois uma menina escreveu: "Acho mal que os meninos vão a defecar na privada e deixem a tampa toda cagada". Menina genial! Ela sabia que o dicionário estava errado. Cagar e defecar não são palavras sinônimas, muito embora o dicionário assim o declare. Se ela tivesse escrito "acho mal que os meninos vão a defecar na privada e deixem a tampa toda defecada", sua indignação teria perdido toda a força literária. Porque aquilo que os meninos faziam na tampa da privada não era defecar; era "cagar" mesmo, uma coisa chula e grosseira.

O todo e as partes

A menina já me havia informado do princípio central da pedagogia da Escola da Ponte, ao me explicar como os miúdos aprendiam a ler: "Aqui não aprendemos nem letras nem sílabas. Só aprendemos totalidades". As disciplinas isoladas são o resultado da tendência de análise e especialização que caracterizam o desenvolvimento das ciências ocidentais. A Nona Sinfonia, de

Beethoven, não é o conjunto de suas notas. Ela não se inicia com notas e acordes. A totalidade vem primeiro, e é só em relação a ela que as partes têm sentido. Assim é o corpo: uma entidade musical. Nenhuma de suas partes tem sentido em si mesma. É a melodia central do corpo que faz as partes dançar. Mas os nossos jovens, diante do vestibular – e é preciso não esquecer que os programas das escolas se orientam no sentido de preparar para o vestibular –, trazem consigo as partes desmembradas de um corpo morto: uma soma enorme de informações que não formam um todo significativo. Física, química, biologia, história, geografia, literatura, como se relacionam? Fazem-se, então, esforços inúteis de interdisciplinaridade. Inúteis porque o todo não se constrói juntando-se as partes.

Brincar é coisa séria

A Escola da Ponte me mostrou um mundo novo em que crianças e adultos convivem como amigos na fascinante experiência de descoberta do mundo. Aprender é muito divertido. Cada objeto a ser aprendido é um brinquedo. Pensar é brincar com as coisas. Brincar é coisa séria. Assim, brincar é a coisa séria que é divertida.

Quando falo que me apaixonei pela Escola da Ponte, estou dizendo que amo aquelas crianças. Gosto delas. E elas também gostam de mim. Voltar à Escola da Ponte já está se tornando rotina. Quando lá chego, sou afogado por centenas de "beijinhos".

POR UMA EDUCAÇÃO SENSÍVEL

Comove-me a amizade daquelas crianças. Sinto que o maior prêmio para um professor é quando os alunos se tornam amigos dele. Um verdadeiro professor nunca sofre de solidão.

Uma entrevistadora brasileira perguntou a uma menina: "Quem é Rubem Alves?". A menina respondeu: "É um velhinho que conta histórias". As crianças podem me chamar de velhinho. Não me importo. Mas somente elas.

POR UMA EDUCAÇÃO SENSÍVEL

É preciso não esquecer as bananas

"Eu penso a educação ao contrário. Não começo com os saberes. Começo com a criança. Não julgo as crianças em função dos saberes. Julgo os saberes em função das crianças. É isso que distingue um educador. Os educadores olham primeiro para o aluno e depois para as disciplinas a serem ensinadas. Os educadores não estão ao serviço de saberes. Estão ao serviço de seres humanos – crianças, adultos, velhos. Dizia Nietzsche: Aquele que é um mestre, realmente um mestre, leva as coisas a sério – inclusive ele mesmo – somente em relação aos seus alunos."

Rubem Alves

Vou contar para vocês uma história. Não importa se verdadeira ou imaginada. Por vezes, para ver a verdade, é preciso sair do mundo da realidade e entrar no mundo da fantasia...

Um grupo de psicólogos se dispôs a fazer uma experiência com macacos. Colocaram cinco macacos dentro de uma jaula. No meio da jaula, uma mesa. Acima da mesa, pendendo do teto, um cacho de bananas.

Os macacos gostam de bananas. Viram a mesa. Perceberam que, subindo na mesa, alcançariam as bananas. Um dos macacos subiu na mesa para apanhar uma banana. Mas os psicólogos estavam preparados para tal eventualidade: com uma mangueira deram um banho de água fria nele. O macaco que estava sobre a mesa, ensopado, desistiu provisoriamente do seu projeto.

Passados alguns minutos, voltou o desejo de comer bananas. Outro macaco resolveu comer bananas. Mas, ao subir na mesa, outro banho de água fria. Depois de o banho se repetir por quatro vezes, os macacos concluíram que havia uma relação causal entre subir na mesa e o banho de água fria. Como o medo da água fria era maior que o desejo de comer bananas, resolveram que o macaco que tentasse subir na mesa levaria uma surra. Quando um macaco subia na mesa, antes do banho de água fria, os outros lhe aplicavam a surra merecida.

Aí os psicólogos retiraram da jaula um macaco e colocaram no seu lugar um outro macaco que nada sabia dos banhos de água fria. Ele se comportou como qualquer macaco. Foi subir na mesa para comer as bananas. Mas, antes que o fizesse, os outros quatro lhe aplicaram a surra prescrita. Sem nada entender e passada a dor da surra, voltou a querer comer a banana e subiu na mesa. Nova surra. Depois da quarta surra, ele concluiu: nessa jaula, macaco que sobe na mesa apanha. Adotou, então, a sabedoria cristalizada pelos políticos humanos que diz: se você não pode derrotá-los, junte-se a eles.

Os psicólogos retiraram então outro macaco e o substituíram por outro. A mesma coisa aconteceu. Os três macacos originais mais o último macaco, que nada sabia da origem e função da surra, lhe aplicaram a sova de praxe. Este último macaco também aprendeu que, naquela jaula, quem subia na mesa apanhava.

E assim continuaram os psicólogos a substituir os macacos originais por macacos novos, até que na jaula só ficaram macacos que nada sabiam sobre o banho de água fria. Mas, a despeito disso, eles continuavam a surrar os macacos que subiam na mesa.

Se perguntássemos aos macacos a razão das surras, eles responderiam: é assim porque é assim. Nessa jaula, macaco que sobe na mesa apanha... Haviam se esquecido completamente das bananas e nada sabiam sobre os banhos. Só pensavam na mesa proibida.

Vamos brincar de "fazer de conta". Imaginemos que as escolas sejam as jaulas e que nós estejamos dentro delas... Por favor, não se ofenda, é só faz de conta, fantasia, para ajudar o pensamento. Nosso desejo original é comer bananas. Mas já nos esquecemos delas. Há, nas escolas, uma infinidade de coisas e procedimentos cristalizados pela rotina, pela burocracia, pelas repetições, pelos melhoramentos. À semelhança dos macacos, aprendemos que é assim que são as escolas. E nem fazemos perguntas sobre o sentido daquelas coisas e procedimentos para a educação das crianças. Vou dar alguns exemplos.

Primeiro, a arquitetura das escolas. Todas as escolas têm corredores e salas de aula. As salas servem para separar as crianças em grupos, segregando-as umas das outras. Por que é assim? Tem de ser assim? Haverá outra forma de organizar o espaço que permita interação e cooperação entre crianças de idades diferentes, tal como acontece na vida? A escola não deveria imitar a vida?

Programas. Um programa é uma organização de saberes numa determinada sequência. Quem determinou que esses são os saberes e que eles devem ser aprendidos na ordem prescrita? Que uso fazem as crianças desses saberes na sua vida de cada dia? As crianças escolheriam esses saberes? Os programas servem igualmente para crianças que vivem nas praias de Alagoas, nas favelas das cidades, nas montanhas de Minas, nas florestas da Amazônia, nas cidadezinhas do interior?

Os programas são dados em unidades de tempo chamadas "aulas". As aulas têm horários definidos. Ao final, toca-se uma campainha. A criança tem de parar de pensar o que estava pensando e passar a pensar o que o programa diz que deve ser pensado naquele tempo. O pensamento obedece às ordens das campainhas? Por que é necessário que todas as crianças pensem as mesmas coisas, na mesma hora, no mesmo ritmo? As

POR UMA EDUCAÇÃO SENSÍVEL

crianças são todas iguais? O objetivo da escola é fazer com que as crianças sejam todas iguais?

A questão é fazer as perguntas fundamentais: Por que é assim? Para que serve isso? Poderia ser de outra forma? Temo que, como os macacos, concentrados no cuidado com a mesa, acabemos por nos esquecer das bananas...

Aos educadores, com carinho

PARTE 1

"Quanto à ciência que se aprende com a vida, ela não é esquecida nunca. A vida é o único programa que merece ser seguido. Veio-me a imagem daquela flor do campo, uma bola de sementes brancas, as sementes saem voando como se fossem paraquedas – para ir nascer lá longe, onde o vento as levou... Assim é o educador – uma bola de sementes-palavras onde se encontra o sonho que ele pretende plantar."

Rubem Alves

POR UMA EDUCAÇÃO SENSÍVEL

Já, por várias vezes, referi-me às incríveis viagens de Gulliver, tais como relatadas por Jonathan Swift, escritor que viveu no século XVIII. O livro *As viagens de Gulliver* pode ser adquirido em qualquer livraria. Pesquisas modernas, entretanto, têm trazido à luz manuscritos desconhecidos que Swift não quis publicar talvez porque, pelo absurdo que continham, ninguém acreditaria no que relatavam.

Tal é o caso do ocorrido num paisinho insignificante, tão insignificante que seu nome não se encontra registrado em nenhum atlas conhecido. O rei, monarca bondoso e amante das ciências, comovido pela fome de seu povo, contratou especialistas em nutrição com a missão de estabelecer um cardápio básico que garantisse a alimentação dos súditos, tudo de acordo com a ciência da nutrição. Conhecedor do povo, sabia que ninguém iria comer a dieta científica se não fosse a isso obrigado, pois o povo prefere sempre o costume antigo às verdade novas. Criou, então, uma rede de restaurantes pelo país e decretou que todos os cidadãos, sem exceção, se quisessem gozar dos direitos civis, teriam de parar de comer em casa e passar a comer nos restaurantes reais. Não era coisa simples, não, chegar lá e comer o que quisesse, à la carte. À entrada dos restaurantes se encontrava afixada a grade oficial da dieta obrigatória. Era chegar, sentar, e o garçom já trazia o prato que tinha de ser comido. Ao final de cada ano, o desempenho gastronômico de cada um era avaliado e, no caso de ter atingido os níveis mínimos estabelecidos, seguia-se a promoção ao estágio seguinte, até que a grade dietética oficial fosse cumprida, ocasião marcada por celebrações em que os pais se regozijavam com o triunfo dos filhos, os quais, com seus certificados na mão, ganhavam o título de cidadão.

Esse projeto alimentar veio a ser denominado "Todos nos restaurantes" e foi inaugurado com grande publicidade. Os conservadores protestaram contra essa indevida intromissão do estado em coisas particulares, e houve mesmo um filósofo, Ivan Tillich, que escreveu um livro intitulado *Sociedade sem restaurantes* que provocou muita celeuma. Nesse livro, ele defendia a tese de que o bom mesmo seria se cada um cozinhasse em casa, a comida que quisesse, com os temperos que mais lhe agradassem. Mas ele foi logo esquecido.

Infelizmente, entretanto, nem tudo que é científico funciona bem na prática: o povo sempre resiste à ciência. O fato é que a dieta provocava vômitos e diarreias constantes nos que a comiam. A situação era absurda: quanto mais comiam, mais magros ficavam, tendo havido mesmo casos de pessoas que desenvolviam tal aversão à comida que acabavam morrendo de inanição. Esse resultado inesperado pôs em crise o projeto "Todos nos restaurantes", obrigando o rei, consternado, a pedir o conselho de outros especialistas no assunto.

O primeiro grupo de especialistas concluiu que o projeto estava fracassado porque estava assentado sobre bases teóricas falsas, mas ir para a cozinha, cozinhar, provar a comida, servir os pratos era algo que não faziam, sob a alegação de pertencer à "inteligência". As tarefas práticas eram próprias de cozinheiros e garçons, sendo que eles eram os teóricos da culinária. Disseram que faltava à culinária dos restaurantes uma compreensão histórica da comida. Pois comida, cientificamente compreendida, não é isso que se vê no prato, feijoada, moqueca, picanha, arroz carreteiro, coisa que estimula o nariz e dá prazer à boca. Essa é uma compreensão primitiva, sensorial, da comida, que nada tem a ver com a verdade científica da comida. A comida é um produto histórico, nascido das lutas dos homens com a natureza e com os outros. Como exemplo da culinária como expressão da luta dos homens com a natureza, eles citavam o caso da mandioca, raiz dura e de gosto ruim que, submetida ao fogo, se torna macia e gostosa, podendo ser comida pura, frita, com vaca atolada ou com açúcar e manteiga. Já a feijoada é um exemplo da comida surgida da luta dos homens uns com os outros ou, numa linguagem cientificamente correta, surgida da luta de classes: os senhores de escravos, donos dos meios de produção, ficavam com as partes nobres do porco, dando os rabos, as orelhas, os pés e os beiços para os escravos, que tiveram a ideia de cozinhar aquilo tudo com feijão preto – dando o resultado que deu. Quem sabe história come uma feijoada de maneira politicamente correta. E é isso que importa.

O problema, eles concluíram, é que o ato de comer nos restaurantes reais não estava ligado à teoria certa. As perturbações digestivas, os vômitos e as diarreias, segundo eles, resultavam de perturbações teóricas. O problema acabaria, afirmavam, quando o ato de comer fosse acompanhado do ato de pensar corretamente. E foi assim que, daí para a frente, enquanto se comia comida nos restaurantes reais, um professor fazia preleções sobre comida com realidade histórica. A essa forma de compreender a comida, que julgavam a única científica, deram o nome de concepção dialética da culinária.

As aulas de filosofia que acompanhavam as refeições, entretanto, não tiveram o resultado esperado. E isso porque justamente aqueles que aprenderam bem a teoria correta a aprenderam tão bem que começaram a sofrer de efeitos colaterais imprevistos. Iam fazer amor – e aí começavam a pensar que fazer amor é também um ato dialético, uma luta de classes, homem por cima opressor, mulher por baixo, oprimida, objeto sexual –, e o amor terminava em briga. Iam ao concerto, o pianista tocava uma sonata de Mozart, e não podiam se entregar ao gozo da beleza da música, pois a teoria lhes fazia lembrar que Mozart compusera para os nobres opressores e que pobres não iam a concertos. Viam os vitrais das catedrais góticas e, em vez de se deleitarem com os vidros coloridos, ficavam raivosos, falando sobre a estrutura de opressão da qual a beleza do vitral havia nascido. Liam os poemas de Ezra Pound e os detestavam, porque Pound não era politicamente correto. E foi assim que o mundo deles ficou de uma chatice imensa, só ultrapassada pela chatice deles mesmos. Vendo o que acontecia, o rei achou melhor mandar embora os dialéticos e contratou outros especialistas para analisar o fracasso de seus restaurantes. Vieram, então, os especialistas em digestão – mas isso é outra história.

Aos educadores, com carinho

PARTE 2

"Educação não se faz sem recursos econômicos. Mas recursos econômicos não fazem educação. É preciso o sonho. Recursos econômicos sem sonhos frequentemente dão à luz seres monstruosos."

Rubem Alves

"*Sapientia*: nenhum poder, um pouco de saber, e o máximo de sabor."

Encontrávamos, no último capítulo de nossa novela gastronômica, às portas dos restaurantes reais, dos quais saíam pessoas esquálidas, amarelas, muitas delas mal podendo andar, tal era a sua fome. Os teóricos da cozinha real, despedidos por justa causa, de malas prontas, diziam-se injustiçados, alegando que a aversão pela comida desenvolvida pelos frequentadores dos restaurantes reais, como resultado de sua culinária, havia sido plenamente compensada pelo fato de que todos saíam deles sabendo de cor os catecismos da consciência crítica. Prova disso era o fato de que todos eles apresentavam azia – sendo que é bem sabido que a consciência crítica é, na maioria dos casos, a manifestação superestrutural da azia, sua causa infraestrutural.

O rei contratou outros chefs para sua cozinha e achou de bom alvitre fugir dos teóricos especialistas em coisas grandes (a menor unidade com que trabalhavam os dialéticos era "classe social"), e procurou teóricos especializados em coisas menores, pois a comida tem a ver com pessoas concretas, de carne e osso.

Vieram os especialistas em digestão. A melhoria foi grande, pois digestão e comida estão intimamente ligadas. Sua teoria era simples. Diziam que para se fazer comida boa é preciso compreender os processos digestivos, os processos pelos quais o organismo desconstrói e reconstrói a comida. Somente uma compreensão dos processos digestivos pode nos levar a restaurantes científicos.

Começaram por observar que os processos digestivos passam por fases distintas. A digestão de um nenezinho é diferente da digestão de um menino de dois anos. O nenezinho não tem dentes. Encontra-se numa fase pré-mastigatória. Sua digestão só pode processar alimentos pré-mastigatórios. Um menino de dois anos, entretanto, já entrou na fase mastigatória. Prova disso

POR UMA EDUCAÇÃO SENSÍVEL

são os seus dentes. Pode mastigar alimentos sólidos. Do seu cardápio, portanto, devem constar cenouras, tomates, coxinhas de galinha, arroz e feijão. Cada fase é distinta, sucessivamente, até os velhinhos, que entram finalmente na fase pós-mastigatória.

E foi assim que desenvolveram suas receitas culinárias de uma forma peculiar e inovadora, ao contrário do que fazem as cozinheiras, ignorantes e nada sabendo de ciência. Embora tenha vaga notícia das fases do processo digestivo (pois sabem diferenciar mamadeiras, papinhas e bifes, jamais fritando bife para o nenê e fazendo mamadeira para o patrão), o fato é que elas preparam os seus pratos basicamente a partir de considerações de gosto. Mas "gosto", como se sabe, é uma categoria não científica, não podendo ser objeto de pesquisa. O fato é que não pode haver uma teoria "científica" da culinária que tome o "gosto" como ponto de partida. As cozinheiras, em vez de invocar uma teoria anterior para justificar os seus pratos, se orientam pela cara de alegria das pessoas, ao comer, e pelo "quero mais". Sem que elas soubessem, a sua epistemologia culinária foi pela primeira vez enunciada por Engels, que disse que "a prova do pudim é comê-lo".

Os novos teóricos da cozinha real, proibidos pelas regras da objetividade científica de levar em consideração o prazer e a alegria dos que comiam, concentraram-se na análise laboratorial dos resultados finais do processo digestivo, a fim de verificar se a digestão havia se processado de forma correta, sendo que os resultados eram animadores.

Isso deu azo para que se desenvolvesse uma fantástica plétora de pesquisas e teses sobre o assunto, de tal forma que, dali para a frente, só se levavam a sério os cozinheiros que elaborassem pratos baseados nas várias fases operacionais da digestão. Cozinheiro, para ser respeitado, tinha de falar a linguagem dos processos digestivos e suas respectivas fases. Quem falasse sobre bacalhoada, feijoada, ensopado, galinhada, frango ao molho pardo, torresmo, moqueca, peixe na telha era logo desprezado como acientífico e primitivo e perdia o emprego.

Cumpre relatar que o rei, monarca democrático, achara que o que era obrigatório para o povo teria de ser obrigatório para a corte. Por isso mandara embora o cozinheiro real, que nada conhecia de dialética e das fases da digestão, embora tudo soubesse dos prazeres da comida. E a partir daquele momento a corte inteira passou a comer a comida preparada pelos cozinheiros científicos, os dialéticos e os digestivistas. Sob a culinária dos primeiros, a corte emagreceu e ficou chata. Sob a culinária dos segundos, ela recuperou o peso. Mas o monarca notou que não recuperou a alegria e os risos que marcavam os banquetes que o velho cozinheiro preparava, à semelhança da Babette. E o rei teve saudades dos tempos antigos. Mandou chamar o velho cozinheiro. E lhe perguntou o segredo da comida que ele fazia. "Majestade", ele disse, "nada sei sobre dialética ou digestão. Só sei que a comida, para alimentar, tem de dar prazer para o corpo e alegria para a alma. Culinária, majestade, não é ciência. Ela é arte, ao lado da música, da pintura, da escultura, da poesia. E o que eu sei é o seguinte: quando o corpo sente prazer e a alma sente alegria, a comida alimenta e o corpo fica forte…". O rei, convencido por experiência da verdade das palavras do antigo

POR UMA EDUCAÇÃO SENSÍVEL

cozinheiro, despediu os cozinheiros científicos e nomeou o velho cozinheiro artista ministro da comedoria do reino. E desde esse dia o povo comeu, gostou, engordou, ficou forte, e a sua alegria não teve fim.

* * *

Essa é uma parábola que dedico aos que ensinam, porque ensinar é igualzinho a cozinhar. O professor é um *chef* que prepara e serve refeições de palavras aos seus alunos. Durante anos consecutivos, os nossos professores têm estado aprendendo teorias científicas sobre a educação, achando que é assim que se formam professores. Existe, de fato, uma ciência da educação, como também existe uma ciência do piano. Mas a ciência da educação não faz um professor, da mesma forma como o conhecimento da ciência do piano não faz um pianista. Muitos professores maravilhosos nunca estudaram as disciplinas pedagógicas. Se os alunos refugam diante da comida e se, uma vez engolida, a comida provoca vômitos e diarreia, isso não quer dizer que os processos digestivos dos alunos estejam doentes. Quer dizer que o cozinheiro-professor desconhece os segredos do sabor. A educação é uma arte. O educador é um artista. Aconselho os professores a aprenderem o seu ofício com as cozinheiras.

A caixa de ferramentas

"Suspeito que nossas escolas ensinem com muita precisão a ciência de comprar as passagens e arrumar as malas. Mas tenho sérias dúvidas de que elas ensinem os alunos a arte de ver enquanto viajam."

Rubem Alves

Resumindo: são duas, apenas duas as tarefas da educação. Como acho que as explicações conceituais são difíceis de aprender e fáceis de esquecer, eu caminho sempre pelo caminho dos poetas, que é o caminho das imagens. Uma boa imagem é inesquecível. Assim, em vez explicar o que disse, vou mostrar o que disse por meio de uma imagem.

O corpo carrega duas caixas. Na mão direita, mão da destreza e do trabalho, ele leva uma caixa de ferramentas. E na mão

POR UMA EDUCAÇÃO SENSÍVEL

esquerda, mão do coração, ele leva uma caixa de brinquedos. Ferramentas são melhorias do corpo. Os animais não precisam de ferramentas porque seus corpos já são ferramentas. Eles lhes dão tudo aquilo de que necessitam para sobreviver.

Como são desajeitados os seres humanos quando comparados com os animais! Veja, por exemplo, os macacos. Sem nenhum treinamento especial, eles tirariam medalhas de ouro na ginástica olímpica. E os saltos das pulgas e dos gafanhotos!

Já prestou atenção na velocidade das formigas? Mais velozes a pé, proporcionalmente, que os bólidos de F-1! O voo dos urubus, os buracos dos tatus, as teias das aranhas, as conchas dos moluscos, a língua saltadora dos sapos, o veneno das taturanas, os dentes dos castores.

Nossa inteligência se desenvolveu para compensar nossa incompetência corporal. Inventou melhorias para o corpo: porretes, pilões, facas, flechas, redes, barcos, jegues, bicicletas, casas... Disse Marshall MacLuhan corretamente que todos os "meios" são extensões do corpo. É isso que são as ferramentas, meios para viver. Ferramentas aumentam a nossa força, nos dão poder. Sem ser dotado de força de corpo, pela inteligência o homem se transformou no mais forte de todos os animais, o mais terrível, o maior criador, o mais destruidor. O homem tem poder para transformar o mundo num paraíso ou num deserto.

A primeira tarefa de cada geração, dos pais, é passar aos filhos, como herança, a caixa de ferramentas. Para que eles não tenham de começar da estaca zero. Para que eles não precisem pensar soluções que já existem. Muitas ferramentas são objetos: sapatos, escovas, facas, canetas, óculos, carros, computadores. Os pais apresentam tais ferramentas aos seus filhos e lhes ensinam como devem ser usadas. Com o passar do tempo, muitas ferramentas, muitos objetos e muitos de seus usos se tornam obsoletos. Quando isso acontece, eles são retirados da caixa. São esquecidos por não terem mais uso. As meninas não têm de aprender a torrar café numa panela de ferro, e os meninos não têm de aprender a usar arco e flecha para encontrar o café da manhã. Somente os velhos ainda sabem apontar os lápis com um canivete...

Outras ferramentas são puras habilidades. Andar, falar, construir. Uma habilidade extraordinária que usamos o tempo todo, mas de que não temos consciência, é a capacidade de construir, na cabeça, as realidades virtuais chamadas mapas. Para nos entendermos na nossa casa, temos de ter mapas dos seus cômodos e mapas dos lugares onde as coisas estão guardadas. Fazemos mapas da casa. Fazemos mapas da cidade, do mundo, do universo. Sem mapas, seríamos seres perdidos, sem direção.

A ciência é, ao mesmo tempo, uma enorme caixa de ferramentas e, mais importante que suas ferramentas, um saber de como se fazem as ferramentas. O uso das ferramentas científicas que já existem pode ser ensinado. Mas a arte de construir ferramentas novas, para isso há de saber pensar. A arte de pensar é a ponte para o desconhecido. Assim, tão importante quanto a aprendizagem do uso das ferramentas existentes – coisa que se pode aprender mecanicamente – é a arte de construir ferramentas novas. Na caixa das ferramentas, ao lado das ferramentas existentes, mas num compartimento separado, está a arte de pensar.

POR UMA EDUCAÇÃO SENSÍVEL

(Fico a pensar: o que as escolas ensinam? Elas ensinam as ferramentas existentes ou a arte de pensar, chave para as ferramentas inexistentes? O problema: os processos de avaliação sabem como testar o conhecimento das ferramentas. Mas que procedimentos adotar para avaliar a arte de pensar?)

Assim, diante da caixa de ferramentas, o professor tem de se perguntar: "Isso que estou ensinando é ferramenta para quê? De que forma pode ser usado? Em que aumenta a competência dos meus alunos para cada um viver a sua vida?". Se não houver resposta, pode estar certo de uma coisa: ferramenta não é.

Mas há outra caixa, na mão esquerda, a mão do coração. Essa caixa está cheia de coisas que não servem para nada. Inúteis. Lá estão um livro de poemas da Cecília Meireles, a "Valsinha" de Chico Buarque, um cheiro de jasmim, um quadro de Monet, um vento no rosto, uma sonata de Mozart, o riso de uma criança, um saco de bolas de gude... Coisas inúteis. E, no entanto, elas nos fazem sorrir. E não é para isso que se educa? Para que nossos filhos saibam sorrir? Na próxima vez, a gente abre a caixa dos brinquedos...

Caixa de brinquedos

"Se fosse ensinar a uma criança a beleza da música, não começaria com partituras, notas e pautas. Ouviríamos juntos as melodias mais gostosas e lhe contaria sobre os instrumentos que fazem a música. Aí, encantada com a beleza da música, ela mesma me pediria que lhe ensinasse o mistério daquelas bolinhas pretas escritas sobre cinco linhas. Porque as bolinhas pretas e as cinco linhas são apenas ferramentas para a produção da beleza musical. A experiência da beleza tem de vir antes."

Rubem Alves

A ideia de que o corpo carrega duas caixas – uma caixa de ferramentas, na mão direita, e uma caixa de brinquedos, na mão

POR UMA EDUCAÇÃO SENSÍVEL

esquerda – apareceu enquanto eu me dedicava a mastigar, ruminar e digerir Santo Agostinho.

Como você deve saber, eu leio antropofagicamente. Porque os livros são feitos com a carne e o sangue daqueles que os escrevem. Dos livros, pode-se dizer o que os sacerdotes dizem da eucaristia: "Isto é o meu corpo; isto é a minha carne".

Santo Agostinho não disse como eu digo. O que digo é o que ele disse depois de passado pelos meus processos digestivos. A diferença é que ele disse na grave linguagem dos teólogos e filósofos. E eu digo a mesma coisa na leve linguagem dos bufões e do riso.

Pois Santo Agostinho, resumindo o seu pensamento, disse que todas as coisas que existem se dividem em duas ordens distintas. A ordem do "uti" (ele escrevia em latim) e a ordem do "frui". "Uti" significa o que é útil, utilizável, utensílio. Usar uma coisa é utilizá-la para obter outra coisa. "Frui" significa fruir, usufruir, desfrutar, amar uma coisa por causa dela mesma.

A ordem do "uti" é o lugar do poder. Todos os utensílios, ferramentas, são inventados para aumentar o poder do corpo. A ordem do "frui" é a ordem do amor – coisas que não são utilizadas, que não são ferramentas, que não servem para nada. Elas não são úteis; são inúteis. Porque não são para serem usadas, mas para serem gozadas. Aí você me pergunta: quem seria tolo de gastar tempo com coisas que não servem para nada? Aquilo que não tem utilidade é jogado no lixo: lâmpada queimada, tubo de pasta dental vazio, caneta sem tinta...

Faz tempo, preguei uma peça num grupo de cidadãos da terceira idade. Velhos aposentados. "Inúteis" – comecei a minha fala solenemente. "Então os senhores e as senhoras finalmente chegaram à idade em que são totalmente inúteis…" Foi um pandemônio. Ficaram bravos, me interromperam e trataram de apresentar as provas de que ainda eram úteis. Da sua utilidade dependia o sentido de suas vidas.

Minha provocação dera o resultado esperado. Comecei, mansamente, a argumentar. "Então vocês encontram sentido para suas vidas na sua utilidade. Vocês são ferramentas. Não serão jogados no lixo. Vassouras, mesmo velhas, são úteis. Uma música do Tom Jobim é inútil. Não há o que fazer com ela. Os senhores e as senhoras estão me dizendo que se parecem mais com as vassouras que com a música do Tom… Papel higiênico é muito útil. Não é preciso explicar. Mas um poema da Cecília Meireles é inútil. Não é ferramenta. Não há o que fazer com ele. Os senhores e as senhoras estão me dizendo que preferem a companhia do papel higiênico à do poema da Cecília…" E assim fui acrescentando exemplos. De repente os seus rostos se modificaram e compreenderam… A vida não se justifica pela utilidade, mas pelo prazer e pela alegria – moradores da ordem da fruição. Por isso Oswald de Andrade, no *Manifesto Antropofágico*, repetiu várias vezes: "A alegria é a prova dos nove, a alegria é a prova dos nove…".

E foi precisamente isso o que disse Santo Agostinho. As coisas da caixa de ferramentas, do poder, são meios de vida, necessários para a sobrevivência (saúde é uma das coisas que moram na caixa de ferramentas. Saúde é poder. Mas há muitas pessoas que gozam de perfeita saúde física e, a despeito disso, se matam de

POR UMA EDUCAÇÃO SENSÍVEL

tédio). As ferramentas não nos dão razões para viver; são chaves para a caixa dos brinquedos.

Santo Agostinho não usou a palavra "brinquedo". Sou eu quem a usa porque não encontro outra mais apropriada. Armar quebra-cabeças, empinar pipa, rodar pião, jogar xadrez ou bilboquê, jogar sinuca, dançar, ler um conto, ver caleidoscópio: tudo isso não leva a nada. Essas coisas não existem para levar a coisa alguma. Quem está brincando já chegou. Comparem a intensidade das crianças ao brincar com o seu sofrimento ao fazer fichas de leitura! Afinal de contas, para que servem as fichas de leitura? São úteis? Dão prazer? Livros podem ser brinquedos? O inglês e o alemão têm uma felicidade que não temos. Têm uma única palavra para se referir ao brinquedo e à arte. No inglês, "play". No alemão, "spielen". Arte e brinquedo são a mesma coisa: atividades inúteis que dão prazer e alegria. Poesia, música, pintura, escultura, dança, teatro, culinária: são brincadeiras que inventamos para que o corpo encontre a felicidade, ainda que em breves momentos de distração, como diria Guimarães Rosa.

Esse é o resumo da minha filosofia da educação. Resta perguntar: os saberes que se ensinam em nossas escolas são ferramentas? Tornam os alunos mais competentes para executar as tarefas práticas do cotidiano? E eles, alunos, aprendem a ver os objetos do mundo como se fossem brinquedos? Têm mais alegria? Infelizmente, não há avaliações de múltipla escolha para medir alegria...

Pensar

"O conhecimento é uma árvore que cresce da vida. Sei que há escolas que têm boas intenções e que se esforçam para que isso aconteça. Mas suas boas intenções são abortadas porque são obrigadas a cumprir o programa."

Rubem Alves

Quando eu era menino, na escola as professoras me ensinaram que o Brasil estava destinado a um futuro grandioso porque as suas terras estavam cheias de riquezas: ferro, ouro, diamantes, florestas e coisas semelhantes. Ensinaram errado. O que me disseram equivale a predizer que um homem será um grande pintor por ser dono de uma loja de tintas. Mas o que faz um quadro não é a tinta: são as ideias que moram na cabeça do pintor. São

POR UMA EDUCAÇÃO SENSÍVEL

as ideias dançantes na cabeça que fazem as tintas dançar sobre a tela.

Por isso, sendo um país tão rico, somos um povo tão pobre, somos pobres em ideias. Não sabemos pensar. Nisto nos parecemos com os dinossauros, que tinham excesso de massa muscular e cérebros de galinha. Hoje, nas relações de troca entre os países, o bem mais caro, o bem mais cuidadosamente guardado, o bem que não se vende, são as ideias. É com as ideias que o mundo é feito. Prova disso são os tigres asiáticos, Japão, Coreia, Formosa, que, pobres de recursos naturais, enriqueceram por ter se especializado na arte de pensar.

Minha filha me fez uma pergunta: "O que é pensar?". Disse-me que esta era uma pergunta que o professor de filosofia havia imposto à classe. Pelo que lhe dou os parabéns. Primeiro, por ter ido diretamente à questão essencial. Segundo, por ter tido a sabedoria de fazer a pergunta, sem dar a resposta. Porque, se tivesse dado a resposta, teria com ela cortado as asas do pensamento. O pensamento é como a águia que só alça voo nos espaços vazios do desconhecido. Pensar é voar sobre o que não se sabe. Não existe nada mais fatal para o pensamento que o ensino das respostas certas. Para isso existem as escolas: não para ensinar as respostas, mas para ensinar as perguntas. As respostas nos permitem andar sobre a terra firme. Mas somente as perguntas nos permitem entrar pelo mar desconhecido.

E, no entanto, não podemos viver sem respostas. As asas, para o impulso inicial do voo, dependem dos pés apoiados na terra firme. Os pássaros, antes de saber voar, aprendem a se apoiar

109

sobre os seus pés. Também as crianças, antes de aprender a voar, têm de aprender a caminhar sobre a terra firme.

Terra firme: as milhares de perguntas para as quais as gerações passadas já descobriram as respostas. O primeiro momento da educação é a transmissão desse saber. Nas palavras de Roland Barthes: "Há um momento em que se ensina o que se sabe…". E o curioso é que esse aprendizado é justamente para nos poupar da necessidade de pensar.

As gerações mais velhas ensinam às mais novas as receitas que funcionam. Sei amarrar os meus sapatos, automaticamente, sei dar o nó na minha gravata automaticamente: as mãos fazem o trabalho com destreza, enquanto as ideias andam por outros lugares. Aquilo que um dia eu não sabia me foi ensinado; eu aprendi com o corpo e esqueci com a cabeça. E a condição para que as minhas mãos saibam bem é que a cabeça não pense sobre o que elas estão fazendo. Um pianista que, na hora da execução, pensa sobre os caminhos que seus dedos deverão seguir tropeçará fatalmente. Há a história de uma centopeia que andava feliz pelo jardim, quando foi interpelada por um grilo: "Dona centopeia, sempre tive a curiosidade sobre uma coisa: quando a senhora anda, qual, dentre as suas cem pernas, é aquela que a senhora movimenta primeiro?". "Curioso", ela respondeu. "Sempre andei, mas nunca me propus essa questão. Da próxima vez, prestarei atenção". Termina a história dizendo que a centopeia nunca mais voltou a andar.

Todo mundo fala, e fala bem. Ninguém sabe como a linguagem foi ensinada nem como ela foi aprendida. A despeito disso,

POR UMA EDUCAÇÃO SENSÍVEL

o ensino foi tão eficiente que não preciso pensar em falar. Ao falar, não sei se estou usando um substantivo, um verbo ou um adjetivo nem me lembro das regras da gramática. Quem, para falar, tem de se lembrar dessas coisas não sabe falar. Há um nível de aprendizado em que o pensamento é um estorvo. Só se sabe bem com o corpo aquilo que a cabeça esqueceu. E assim escrevemos, lemos, andamos de bicicleta, nadamos, pregamos prego, guiamos carros: sem saber com a cabeça, porque o corpo sabe melhor. É um conhecimento que se tornou parte inconsciente de mim mesmo. E isso me poupa do trabalho de pensar o já sabido. Ensinar, aqui, é inconscientizar.

O sabido é o não pensado, que fica guardado, pronto para ser usado como receita, na memória desse computador que se chama cérebro. Basta apertar a tecla adequada para que a receita apareça no vídeo da consciência. Aperto a tecla moqueca. A receita aparecerá no meu vídeo cerebral: panela de barro, azeite, peixe, tomate, cebola, coentro, cheiro-verde, urucum, sal, pimenta, seguidos de uma série de instruções sobre o que fazer.

Não é coisa que eu tenha inventado. Me foi ensinado. Não precisei pensar. Gostei. Foi para a memória. Esta é a regra fundamental desse computador que vive no corpo humano: só vai para a memória aquilo que é objeto do desejo. A tarefa primordial do professor: seduzir o aluno para que ele deseje e, desejando, aprenda.

E o saber fica memorizado de cor – etimologicamente, no coração –, à espera de que o teclado desejo de novo o chame de seu lugar de esquecimento.

Memória: um saber que o passado sedimentou. Indispensável para se repetir as receitas que os mortos nos legaram. E elas são boas. Tão boas que nos fazem esquecer que é preciso voar. Permitem que andemos pelas trilhas batidas. Mas nada têm a dizer sobre os mares desconhecidos. Muitas pessoas, de tanto repetir as receitas, metamorfosearam-se de águias em tartarugas. E não são poucas as tartarugas que possuem diplomas universitários. Aqui se encontra o perigo das escolas: de tanto ensinar o que o passado legou – e ensinou bem –, fazem os alunos se esquecer de que o seu destino não é passado cristalizado em saber, mas um futuro que se abre como vazio, um não saber que somente pode ser explorado com as asas do pensamento. Compreende-se, então, que Barthes tenha dito que, seguindo-se ao tempo em que se ensina o que se sabe, deve chegar o tempo em que se ensina o que não se sabe.

O prazer de ler

"Os grandes mestres na história da humanidade só tinham, à sua disposição, um recurso: a fala."

Rubem Alves

Ler pode ser uma fonte de alegria. "Pode ser". Nem sempre é. Livros são iguais a comida. Há os pratos refinados, como o *cailles au sarcophage*, especialidade de Babette, que começam por dar prazer ao corpo e terminam por dar alegria à alma. E há as gororobas, malcozidas, empelotadas, salgadas, engorduradas, que, além de produzir vômito e diarreias no corpo, produzem perturbações semelhantes na alma. Assim também são os livros.

Ler é uma virtude gastronômica: requer uma educação da sensibilidade, uma arte de discriminar os gostos. O *chef* prova os pratos que prepara antes de servi-los. O leitura cuidadoso, de forma semelhante, "prova" um pequeno canapé do livro, antes de se entregar à leitura.

Um escritor não escreve para comunicar saberes. Escreve para comunicar sabores. O escritor escreve para que o leitor tenha o prazer da leitura. (...) Quando sou forçado a interromper a leitura, fico triste. Essa é a prova do prazer que o texto me causa.

Ler pode ser uma fonte de alegria. Por isso mesmo tenho dó das crianças e dos adolescentes que, depois de muito sofrer nas aulas de gramática, análise sintática e escolas literárias, saem das escolas sem ter sido iniciados nos polimórficos gozos da leitura. É como se lhes faltassem órgãos de prazer. São castrados. Não podem penetrar no corpo de prazer que é o livro nem sentir o prazer de ser penetrados por ele. Sabem ler, mas são analfabetos. Porque, como dizia Mário Quintana, analfabeto é precisamente aquele que, sabendo ler, não lê.

É brincando que se aprende

"As inteligências dormem. Inúteis são as tentativas de acordá-las pela força. As inteligências só entendem a linguagem do desejo. As inteligências nada mais são que ferramentas e brinquedos do desejo."

Rubem Alves

O professor Pardal gostava muito do Huguinho, do Zezinho e do Luizinho e queria fazê-los felizes. Inventou, então, brinquedos que os fariam felizes para sempre, brinquedos que davam certo sempre: uma pipa que voava sempre, um pião que rodava sempre e um taco de beisebol que acertava sempre na bola. Os três patinhos ficaram felicíssimos ao receber os presentes e se puseram logo a brincar com seus brinquedos que funcionavam sempre.

Mas a alegria durou pouco. Veio logo o enfado. Porque não existe nada mais sem graça que um brinquedo que dá certo sempre. Brinquedo, para ser brinquedo, tem de ser um desafio. Um brinquedo é um objeto que, olhando para mim, me diz: "Veja se você pode comigo!". O brinquedo me põe à prova. Testa as minhas habilidades. Qual é a graça de armar um quebra-cabeça de 24 peças? Pode ser desafio para uma criança de três anos, mas não para mim. Já um quebra-cabeça de quinhentas peças é um desafio. Eu quero juntar as suas peças! Para isso, sou capaz de gastar meus olhos, meu tempo, minha inteligência, meu sono.

Qualquer coisa pode ser um brinquedo. Não é preciso que seja comprado em lojas. Na verdade, muitos dos brinquedos que se vendem em lojas não são brinquedos precisamente por não oferecerem desafio algum.

Que desafio existe numa boneca que fala quando se aperta a sua barriga? Que desafio existe num carrinho que anda ao se apertar um botão? Como os brinquedos do professor Pardal, eles logo perdem a graça. Mas um cabo de vassoura vira um brinquedo se ele faz um desafio: "Vamos, equilibre-me em sua testa!". Quando era menino, eu e meus amigos fazíamos competições para saber quem era capaz de equilibrar um cabo de vassoura na testa por mais tempo. O mesmo acontece com uma corda no momento em que ela deixa de ser coisa para se amarrar e passa a ser coisa de se pular.

Laranjas podem ser brinquedos? Meu pai era um mestre em descascar laranjas sem arrebentar a casca e sem ferir a fruta. Para o meu pai, a laranja e o canivete eram brinquedos. Eu olhava para

POR UMA EDUCAÇÃO SENSÍVEL

ele e tinha inveja. Assim, tratei de aprender. E ainda hoje, quando vou descascar uma laranja, ela vira brinquedo em minhas mãos ao me desafiar: "Vamos ver se você é capaz de tirar a minha casca sem me ferir e sem deixar que ela arrebente".

Para um alpinista, o Aconcágua é um brinquedo: é um desafio a ser vencido. Mas um morrinho baixo não é brinquedo porque é muito fácil – não é desafio. Ao escalar o Aconcágua, ele está medindo forças com a montanha ameaçadora! Pelo desafio dos picos, os alpinistas arriscam as suas vidas, e muitos morrem. Parodiando o Riobaldo: "Brincar é muito perigoso...".

Há brinquedos que são desafios ao seu corpo, à sua força, à sua habilidade, à sua paciência. E há brinquedos que são desafios à inteligência. A inteligência gosta de brincar. Brincando, ela salta e fica mais inteligente ainda. Brinquedo é tônico para a inteligência. Mas, se ela tem de fazer coisas que não são desafio, ela fica preguiçosa e emburrecida.

Todo conhecimento científico começa com um desafio: um enigma a ser decifrado! A natureza desafia: "Veja se você me decifra!". E aí os olhos e a inteligência do cientista se põem a trabalhar para decifrar o enigma. Assim aconteceu com Johannes Kepler (1571-1630), cuja inteligência brincava com o movimento dos planetas. Assim aconteceu com Galileu Galilei (1564-1642), que, ao observar a natureza, tinha a suspeita de que ela falava uma linguagem que ele não entendia. Pôs-se, então, a observar e a pensar (ciência se faz com essas duas coisas, olho e cérebro!) até que decifrou o enigma: a natureza fala a linguagem da matemática! E até hoje os cientistas continuam a brincar o mesmo brinquedo descoberto por Galileu.

Aconteceu assim também com um monge chamado Gregor Johann Mendel (1882-1962). No seu mosteiro havia uma horta onde cresciam ervilhas. Os outros monges, vendo as ervilhas, pensavam em sopa. Mas Mendel percebeu que elas escondiam um segredo. E ele tanto fez que acabou por descobrir o segredo que nos revelou o incrível mundo da genética. E não é esse mesmo jogo que faz a criança que está começando a aprender a ler? Ela olha para as letras-ervilhas e tenta decifrar a palavra que elas formam. Tudo é brinquedo!

Congressos de educação: a gente pensa logo em professores, psicólogos, "papers" científicos, filósofos... Estive em um, na Itália, diferente, em que havia muitas crianças. E havia uma oficina em que um "mestre" ensinava às crianças a arte de fazer brinquedos. Um deles era um par de pregos grandes, tortos, entrelaçados, que, se a gente fosse inteligente, conseguia separar. Gastei uns bons dez minutos lutando com os pregos, absorvido, inutilmente. De repente me perguntei: "Por que estou assim, gastando o meu tempo com um par de pregos?".

Eu lutava com os pregos pelo desafio. Eu queria provar que eu podia com eles. Repentinamente, percebi que a primeira tarefa do professor é, à semelhança dos pregos, entortar a sua "disciplina" (ô, palavra feia, imprópria para uma escola!) e transformá-la num brinquedo que desafie a inteligência do aluno. Pois não é isso que são a matemática, a física, a química, a biologia, a história, o português? Brinquedos, desafios à inteligência. Mas, para isso, é claro, é preciso que o professor saiba brincar e tenha uma cara de criança, ao ensinar. Porque cara feia não combina com brinquedo...

Ensinando a tristeza

"Educar é mostrar a vida a quem ainda não a viu. O educador diz: "Veja!" – e, ao falar, aponta. O aluno olha na direção apontada e vê o que nunca viu. Seu mundo se expande. Ele fica mais rico interiormente. E, ficando mais rico interiormente, ele pode sentir mais alegria e dar mais alegria – que a razão pela qual vivemos."

Rubem Alves

Fui apresentado à poesia da Helena Kolody poucas semanas atrás. Foi uma descoberta que me trouxe alegria. Não porque seus poemas sejam alegres. Todos eles têm uma pitada de tristeza. A Adélia sabe que o que é bonito enche os olhos d'água. A beleza vem sempre misturada à tristeza. Na coleção, gostei deste mínimo poema: "Buscas ouro nativo entre a ganga da vida. Que esperança infinita no ilusório trabalho... Para cada pepita, quanto cascalho" (Helena Kolody, Positivo, Curitiba). Gosto de ler as Escrituras Sagradas. Mas leio como quem garimpa ouro. Para se encontrar uma pequena pepita, quanto cascalho há de se jogar fora! Acho até que foi arte de Deus... Foi ele mesmo que misturou cascalho e pepitas, para separar os maus dos bons leitores. Os maus leitores não sabem separar as pepitas do cascalho... Nas minhas garimpagens, encontrei esta pepita: "Melhor é a tristeza que o riso. Porque com a tristeza do rosto se faz melhor o coração". Esse texto me apareceu na memória quando eu pensava sobre aquela pergunta sem resposta que deixei ao final do meu último artigo: "Como se pode ensinar compaixão?". A compaixão é triste? Ensinar compaixão será ensinar a tristeza? Tristeza será coisa que se ensine? Haverá uma pedagogia da tristeza? Estranho pensar que um professor, ao iniciar o seu dia, possa dizer para si mesmo: "Vou ensinar tristeza aos meus alunos...". Eu mesmo nunca havia pensado nisso. E todos os terapeutas, não importando a sua seita, em última instância estão envolvidos numa batalha contra a tristeza. E agora eu digo esse absurdo, que tristeza é para ser ensinada, para fazer melhor o coração. Os poetas me entendem. A poesia nasce da tristeza. "Mas eu fico triste como um pôr de sol quando esfria no fundo da planície e se sente a noite entrada como uma borboleta pela janela", escreveu Alberto Caeiro. E conclui: "Mas minha tristeza é sossego porque é natural e justa e é o que deve estar na alma...". Tristeza natural e justa, que deve estar na alma! Num

Por uma educação sensível

outro lugar Fernando Pessoa escreveu algo mais ou menos assim: "Ah! A imensa felicidade de não precisar estar alegre...". Existe uma perturbação psicológica ainda não identificada como doença. Ela aparece num tipo a que dei o nome de "o alegrinho". O alegrinho é aquela pessoa que está, o tempo todo, esbanjando alegria, dizendo coisas engraçadas e querendo que os outros riam. Ele é um flagelo divino. Perto dele ninguém tem a liberdade de estar triste. Perto dele todo mundo precisa estar alegre... Porque ele não consegue estar triste, o alegrinho não consegue ouvir a beleza dos noturnos de Chopin, nem sentir as sutilezas da poesia da Sophia de Mello Breyner Andressen, nem gozar o silêncio da beleza do crepúsculo. Porque ele está sempre alegrinho, na sua alma não há espaço para sentir a compaixão. Para haver compaixão é preciso saber estar triste. Porque compaixão é sentir a tristeza de outro. Contei do menino que chorou ao ler a história *O patinho que não aprendeu a voar*. Aconteceu assim: o seu pai comprou o livro esperando que ele fizesse o seu filho dar muitas risadas. Voltou no dia seguinte muito bravo. Trazia o livro na mão, para devolvê-lo. Em vez de dar risadas, ao final da história o seu filho pôs-se a chorar. A história é, de fato, triste. Eu a escrevi para o meu filho que estava passando por uma crise de vagabundagem. O seu prazer nas vagabundagens era tanto que ele não queria saber de aprender. O patinho também não queria saber de aprender. Não pôde voar com seus irmãos quando chegou a estação das migrações. O menininho tinha razões para chorar? Não. As razões do seu choro não eram dele. Eram do patinho. Ele sofria o sofrimento do patinho. O seu coração batia junto ao coração do patinho. Mas o patinho não existia. Era apenas um personagem inventado de uma história do mundo do "era uma vez". E o menino sabia disso. Mas, a despeito disso, ele chorava. Aqui está um dos grandes mistérios da alma humana: a alma se alimenta com coisas que não existem. Eu havia levado minha filha de seis anos para ver o *E.T.* Ao fim do filme ela chorava convulsivamente. Jantou chorando. Resolvi fazer uma brincadeira: "Vamos ao jardim ver a estrelinha do E.T!". Fomos, mas o céu estava coberto de nuvens. Não se via a estrelinha do E.T. Improvisei. Corri para trás de uma árvore e disse: "O E.T. está aqui!". Ela me disse: "Não seja tolo, papai. O E.T. não existe! Contra-ataquei: "Não existe? E por que você estava chorando se ele não existe?". Veio a resposta definitiva: "Eu estava chorando porque o E.T. não existe…". Volto então à pergunta que fiz sem saber a resposta. O menino chorou ao ler a história do patinho. Mas o patinho não existia. Minha filha chorou ao ver o filme do E. T. Mas o E.T. não existia. Pensei, então, que um caminho para se ensinar compaixão, que é o mesmo caminho para se ensinar a tristeza, são as artes que trazem à existência as coisas que não existem: a literatura, o cinema, o teatro. As artes produzem a beleza. E a beleza enche os olhos d'água… Como dizem as Escrituras Sagradas, "com a tristeza do rosto se faz melhor o coração."

É assim que acontece a bondade

"O nascimento do pensamento é igual ao nascimento de uma criança: tudo começa com um ato de amor. Uma semente há de ser depositada no ventre vazio. O sêmen do pensamento é o sonho. Por isso os educadores, antes de serem especialistas em ferramentas do saber, deveriam ser especialistas em fazer sonhar."

Rubem Alves

"Se te perguntarem quem era essa que às areias e aos gelos quis ensinar a primavera…": é assim que Cecília Meireles inicia um de seus poemas. Ensinar primavera às areias e aos gelos é coisa difícil. Gelos e areias nada sabem sobre primaveras… Pois eu desejaria saber ensinar a solidariedade a quem nada sabe sobre ela. O mundo seria melhor. Mas como ensiná-la? Seria possível ensinar a beleza de uma sonata de Mozart a um surdo? Como, se ele não ouve? E poderei ensinar a beleza das telas de Monet a um cego? De que pedagogia irei me valer para comunicar cores e formas a quem não vê? Há coisas que não podem ser ensinadas. Há coisas que estão além das palavras. Os cientistas, os filósofos e os professores são aqueles que se dedicam a ensinar as coisas que podem ser ensinadas. Coisas que são ensinadas são aquelas que podem ser ditas. Sobre a solidariedade muitas coisas podem ser ditas. Por exemplo: eu acho possível desenvolver uma psicologia da solidariedade. Acho também possível desenvolver uma sociologia da solidariedade. E, filosoficamente, uma ética da solidariedade… Mas o saberes científicos e filosóficos da solidariedade não ensinam a solidariedade, da mesma forma como a crítica da música e da pintura não ensina às pessoas a beleza da música e da pintura. A solidariedade, como a beleza, é inefável – está além das palavras.

Palavras que ensinam são gaiolas para pássaros engaioláveis. Os saberes, todos eles, são pássaros engaiolados. Mas a solidariedade é um pássaro que não pode ser engaiolado. Ela não pode ser dita. A solidariedade pertence a uma classe de pássaros que só existem em voo. Engaiolados, esses pássaros morrem.

A beleza é um desses pássaros. A beleza está além das palavras. Walt Whitman tinha a consciência disso quando disse: "Sermões e lógicas jamais convencem. O peso da noite cala bem mais fundo a alma…". Ele conhecia os limites das suas próprias palavras. E Fernando Pessoa sabia que aquilo que o poeta quer comunicar não se encontra nas palavras que ele diz; antes, aparece nos espaços vazios que se abrem entre elas, as palavras. Nesse espaço vazio se ouve uma música. Mas essa música – de onde vem se ela se não foi o poeta que a tocou?

Não é possível fazer uma prova sobre a beleza porque ela não é um conhecimento. Tampouco é possível comandar a emoção diante da beleza. Somente atos podem ser comandados. "Ordinário! Marche!", o sargento ordena. Os recrutas obedecem. Marcham. À ordem segue-se o ato. Mas sentimos que não podem ser comandados. Não posso ordenar que alguém sinta a beleza que estou sentindo.

O que pode ser ensinado são as coisas que moram no mundo de fora: astronomia, física, química, gramática, anatomia, números, letras, palavras.

Mas há coisas que não estão do lado de fora. Coisas que moram dentro do corpo. Estão enterradas na carne, como se fossem sementes à espera…

Sim, sim! Imagine isto: o corpo como um grande canteiro! Nele se encontram, adormecidas, em estado de latência, as mais variadas sementes – lembre-se da história da Bela Adormecida! Elas poderão acordar, brotar. Mas poderão também não brotar. Tudo depende… As sementes não brotarão se sobre elas houver uma pedra. E também pode acontecer que, depois de brotar, elas sejam arrancadas… De fato, muitas plantas precisam ser arrancadas, antes que cresçam. Nos jardins há pragas: tiriricas, picões…

Uma dessas sementes é a "solidariedade". A solidariedade não é uma entidade do mundo de fora, ao lado de estrelas, pedras, mercadorias, dinheiro, contratos. Se ela fosse uma entidade do mundo de fora, poderia ser ensinada e produzida. A solidariedade é uma entidade do mundo interior. Solidariedade nem se ensina, nem se ordena, nem se produz. A solidariedade tem de brotar e crescer como uma semente... Veja o ipê florido! Nasceu de uma semente. Depois de crescer não será necessária nenhuma técnica, nenhum estímulo, nenhum truque para que ele floresça. Angelus Silesius, místico antigo, tem um verso que diz: "A rosa não tem porquês. Ela floresce porque floresce". O ipê floresce porque floresce. Seu florescer é um simples transbordar natural da sua verdade. A solidariedade é como um ipê: nasce e floresce. Mas não em decorrência de mandamentos éticos ou religiosos. Não se pode ordenar: "Seja solidário!". A solidariedade acontece como um simples transbordamento: as fontes transbordam... Da mesma forma como o poema é um transbordamento da alma do poeta e a canção, um transbordamento da alma do compositor... Já disse que solidariedade é um sentimento. É esse o sentimento que nos torna mais humanos. É um sentimento estranho, que perturba nossos próprios sentimentos. A solidariedade me faz sentir sentimentos que não são meus, que são de um outro. Acontece assim: eu vejo uma criança vendendo balas num semáforo. Ela me pede que eu compre um pacotinho de suas balas. Eu e a criança – dois corpos separados e distintos. Mas, ao olhar para ela, estremeço: algo em mim me faz imaginar aquilo que ela está sentindo. E então, por uma magia inexplicável, esse

POR UMA EDUCAÇÃO SENSÍVEL

sentimento imaginado se aloja junto aos meus próprios sentimentos. Na verdade, desaloja meus sentimentos, pois eu vinha, no meu carro, com sentimentos leves e alegres, e agora esse novo sentimento se coloca no lugar deles. O que sinto não são meus sentimentos. Foram-se a leveza e a alegria que me faziam cantar. Agora, são os sentimentos daquele menino que estão dentro de mim. Meu corpo sofre uma transformação: ele não é mais limitado pela pele que o cobre. Expande-se. Ele está agora ligado a outro corpo que passa a ser parte dele mesmo. Isso não acontece nem por decisão racional, nem por convicção religiosa, nem por mandamento ético. É o jeito natural de ser do meu próprio corpo, movido pela solidariedade. Acho que esse é o sentido do dito de Jesus de que temos de amar o próximo como amamos a nós mesmos. A solidariedade é uma forma visível do amor. Pela magia do sentimento de solidariedade, meu corpo passa a ser morada de outro. É assim que acontece a bondade. Mas fica pendente a pergunta inicial: como ensinar primavera a gelos e areias? Para isso as palavras do conhecimento são inúteis. Seria necessário fazer nascer ipês no meio dos gelos e das areias! E eu só conheço uma palavra que tem esse poder: a palavra dos poetas. Ensinar solidariedade? Que se façam ouvir as palavras dos poetas nas igrejas, nas escolas, nas empresas, nas casas, na televisão, nos bares, nas reuniões políticas e, principalmente, na solidão...

As crônicas de Rubem Alves que compõem este livro foram tiradas das seguintes obras:

Por uma educação romântica – Ed. Papirus (Crônica: "É assim que acontece a bondade", p. 203)

Lições do velho professor – Ed. Papirus (Crônicas: "É preciso não esquecer as bananas", p. 12 / "Ensinando a tristeza", p. 206

Entre a ciência e a sapiência – o dilema da educação (Crônica: "O prazer de ler", p. 49)

Ao professor com meu carinho – Ed. Verus (Crônica: "Pensar", p. 57)

A Educação dos sentidos e mais... – Ed. Verus (Crônicas: "A caixa de ferramentas", p. 9 / "A caixa de brinquedos", p. 13 / "É brincando que se aprende", p. 61)

Conversas sobre Educação (Crônica: "Educação para um Brasil melhor", p. 10)